SCHIMPF UND SCHANDE

GERHARD FINK

Schimpf und Schande

EINE VERGNÜGLICHE SCHIMPFWORTKUNDE

DES LATEINISCHEN

ARTEMIS VERLAG ZÜRICH UND MÜNCHEN

FÜR ALLE MEINE FEINDE
(wem sonst kann man so ein Buch schon widmen?)

Inhaltsverzeichnis

1. Quis, quid, ubi...?   *Wer, was, wo...?*

Mit diesen Leitfragen, die Generationen von Gymnasiasten dazu dienten, mehr oder weniger frostige Aufsatzthemen abzuklopfen und sich das Material für ihre Schreibe zusammenzukratzen, können auch wir uns einem Gegenstand nähern, zu dem es auf den ersten Blick nicht viel zu sagen gibt: Welcher Lateinschüler hätte denn, wenn man ihn danach fragte, eine richtige, deftige römische Verbalinjurie parat? Wer könnte eine Stelle aus dem *bellum Gallicum* nennen, wo der immer coole und beherrschte Caesar einmal die Fassung verliert und kräftig losflucht?

Bezieht man seine Vorstellungen von den Schimpfqualitäten des Lateinischen nur aus Übungsbüchern und *ad usum delphini* zusammengestellten Textausgaben mit so schönen Titeln wie AUS DEM SCHATZE DES ALTERTUMS oder RÖMISCHES ERBE, dann wird man weder herausbekommen, *wer* sich in Rom so weit vergessen konnte, daß er am Ende Unflätiges von sich gab, noch je erfahren, *was* er genau sagte oder *wo* er es heimlich an eine Hauswand schmierte – um von den restlichen Fragen des Suchschemas – womit, warum, wie, wann – ganz zu schweigen.

An herausgehobener Stelle eines bayerischen Lehrplans steht der aufschlußreiche Satz «Auch die Römer waren Menschen».

Offenkundig mußte das einmal gesagt werden, damit man sie nicht für Weltmeister in *virtus,* für Obertugendbolde und den Niederungen des Irdischen weit entrückte Idealfiguren hält.

7

Solche Wesen wären freilich keiner Gemeinheit fähig, nähmen nie schmutzige Worte in den Mund, könnten nicht keifen, geifern, zetern, hecheln – kurz, sie wären entsetzlich langweilig.

Zum Glück waren das die echten Römer nicht, im Gegenteil: Sie verfügten über einen scharfen, ätzenden Witz, sie fanden mit traumhafter Sicherheit die Schwachstellen heraus, wo die Lauge ihres Spotts und der Giftpfeil ihrer Beschimpfung am meisten schmerzten, und sie haben uns in Texten verschiedenster Art ein so reiches Repertoire an bösen Vokabeln hinterlassen, daß dieses Büchlein nur eine kleine, aber repräsentative Auswahl bieten kann.

II. Convicium   *Schmutzige Wäsche*

Um gleich *medias in res* zu gehen, zeigen wir an einem Beispiel aus dem Satyricon des Petron, einem gesellschaftskritischen, passagenweise recht unanständigen Schelmen- und Abenteuerroman aus der Zeit Neros, wie es klang, wenn man sich auf Latein Unfreundliches sagte. Partner in unserem Schimpfduett sind Trimalchio und seine Frau Fortunata, er ein Neureicher, der als Sklave nach Rom kam, ein ganz klein wenig Bildungstünche erhielt und nach seiner Freilassung durch Cleverness und Glück ein Millionenvermögen zusammenbrachte, sie aber – na, wer sie war, das werden wir jetzt gleich erfahren:

> *Cum puer non inspeciosus inter novos intrasset ministros, invasit eum Trimalchio et osculari diutius coepit. Itaque Fortunata (...) maledicere Trimalchioni coepit et* PURGAMENTUM DEDECUSQUE *praedicare, qui non contineret libidinem suam. Ultimo etiam adiecit:* «CANIS!»
>
> *Trimalchio contra offensus convicio calicem in faciem Fortunatae immisit. Illa, tamquam oculum perdidisset, exclamavit (...). Contra Trimalchio: «Quid enim?» inquit,* AMBUBAIA *non me misit, sed ego* MACHILLAM *eam sustuli, hominem inter homines feci.*
>
> *At inflat se tamquam rana et in sinum suum non spuit,* CODEX, *non mulier. Sed hic, qui in pergula natus est, aedes non somniatur. Ita genium meum propitium habeam, curabo, domata sit* CASSANDRA CALIGARIA! *(...)*

9

Ita tibi videtur, FULCIPEDIA? *Suadeo, bonum tuum concoquas,* MILVA, *et me non facias ringentem,* AMA-SIUNCULA! *Alioquin experieris cerebrum meum! (. . .)*

Tu autem, STERTEIA, *etiam num ploras?* (PETRON, SATYRICON 74, 8 FF.)

Als ein gar nicht unhübscher Junge inmitten der neuen Bedienten hereinkam, machte sich Trimalchio an ihn heran und knutschte ihn ziemlich lange ab. Da legte Fortunata los (. . .), beschimpfte Trimalchio und nannte ihn DRECKSACK und SCHANDKERL, weil er seine Gier nicht beherrschen könne. Zum Schluß fügte sie noch hinzu: «DU HUND!»

Trimalchio seinerseits nahm die Schimpfkano-nade übel und warf Fortunata einen Becher ins Gesicht. Sie schrie auf, als hätte sie ein Auge verloren (. . .), Tri-malchio dagegen rief: «Was denn? Die SCHLAMPE hat doch nicht *mich* freigelassen:

Ich habe dieses MISTSTÜCK aus der Gosse geholt und sie zu einem Menschen unter Menschen gemacht.

Sie aber bläht sich wie ein Frosch und spuckt sich nicht in die Bluse, ein HOLZKLOTZ, keine Frau. Doch wer im Bordell auf die Welt gekommen ist, der kann sich selbst im Traum keine Villa vorstellen! So wahr ich will, daß mein Schutzengel auf mich aufpaßt, ich sorge schon dafür, daß die GESTIEFELTE HEXE da eine auf den Deckel kriegt (. . .)

So wär's dir also recht, MISS MÖCHTEGERN? Ich rate dir: Denk nach, wie gut du's hast, du NEBELKRÄHE, und laß es nicht so weit kommen, daß ich dir die Zähne zeige, du FLITTCHEN. Sonst lernst du mein Temperament ken-nen! (. . .)

Und du flennst immer noch, du HEULBOJE?»

So, das war für den Einstieg doch schon ein ganz schönes Donnerwetter – *fulmen,* Blitzschlag, nennt es Petron –, woran sich verschiedene Formen der Beschimpfung gut studieren lassen.

Da ist der Vergleich mit verachteten, unreinen Tieren – *canis:* du Hund! –, mit Dreck an und für sich – *purgamentum:* Schmutz, Unrat, Kehricht, Auswurf, Abschaum – und mit dem abstrakten Inbegriff des Schändlichen: *dedecus.*

Während Fortunata mit diesen Beschimpfungen auf eine eben erst erfolgte Entgleisung Trimalchios reagiert, greift er, der zu Recht Gescholtene, weiter zurück und konfrontiert seine Ehefrau in niederträchtiger Weise mit ihrer Vergangenheit, indem er sie *ambubaia, machilla* und *amasiuncula* nennt.

Jedes dieser Schimpfwörter unterstellt, daß Fortunata, bevor er sie aus der Gosse holte, für einen jeden billig zu haben gewesen sei:

Die *ambubaiae* waren syrische Straßenmusikantinnen höchst zweifelhaften Rufs, deren von dem aramäischen *abbuba* entlehnte Bezeichnung auch geradezu «Hure» bedeuten kann; *machilla* heißt eigentlich «Nachttopf» und wurde mit «Miststück» wohl kaum gemein genug wiedergegeben; vielleicht wären «Amüsiermatratze» oder «Wichsbüchse» noch etwas treffender. *Amasiuncula* schließlich ist eine verächtliche Verkleinerungsform zu *amata,* Geliebte.

Um das Kraut fett zu machen, wird noch angedeutet, Fortunata sei im Bordell zur Welt gekommen.

Demzufolge, so der Gedanke Trimalchios, hat sie nicht das geringste Recht, ihm seine Schmuserei mit dem hübschen Buben zu verbieten, im Gegenteil, sie sollte ihm dankbar sein, daß er ihr zu einem besseren Leben verholfen hat, und sich brav ducken. Der Rat, sie solle sich in ihren *sinus,* den Gewandbausch, spucken, zielt in diese Richtung: Die Selbstbeschmutzung ist eine Demutsgeste, mit der man den

Blitzschlägen des Schicksals zu entkommen trachtet. Noch heute spucken sich Schauspieler vor der Premiere eines Stücks über die Schulter.

Fortunata tut nach Meinung ihres Mannes nichts dergleichen, im Gegenteil, sie bläht sich auf wie ein Frosch, der – wir kennen die Fabel – so groß sein möchte wie ein Ochse. Sie will also mehr zu sein scheinen als sie ist – das kommt wohl auch in *fulcipedia* zum Ausdruck – und, gierig wie eine Gabelweihe *(milva),* mehr haben als ihr zusteht.

Die nähere Betrachtung dieser Wörter zeigt zweierlei:

1. Ein Schimpfwort ist nicht einfach ein böses Wort, das man in Wut und Erregung von sich gibt, sondern eine stark verdichtete Aussage: Durch den Raubvogelvergleich überträgt Trimalchio die negativen Eigenschaften des Tiers auf Fortunata, so wie sie ihn mit der Bezeichnung «Hund» zugleich unverschämt, geil und feige nennt; diese Assoziationen verbanden jedenfalls Griechen und Römer mit dem Tier, das uns Heutigen eher als ein Muster von Treue und Anhänglichkeit erscheint, wenn wir es nicht mit dem verachteten Schwein kreuzen und zum Schweinehund machen.

2. Je bedeutungsträchtiger ein Wort ist, um so weniger wahrscheinlich ist es, daß sich in einer anderen Sprache eine direkte Entsprechung dafür findet. Meist läßt sich von dem, was gemeint ist, bei der Übersetzung nur ein Teil bewahren, und wer sich auf eine möglichst wörtliche Wiedergabe einläßt, wird am wenigsten verstanden.

So stecken in *fulcipedia* das Verb *fulcire* (stützen) und *pes* (der Fuß), womit das Ganze als «Fußstütze(rin)» übersetzt werden könnte – was immer das sein soll. Ist's jemand, der «seinen Fuß durch Unterlagen höher macht» und damit zeigt, daß er höher hinaus will (Friedländer), eine «Stöckelprinzessin» (Müller/Ehlers) oder ein «Schwankebein» (PONS-Wörterbuch), d. h. eine betrunkene Frau, die beim Gehen einer Stütze bedarf?

Das Umfeld des Wortes bei Petron zeigt, was Trimalchio seiner Frau übelnimmt: Sie bläht sich wie ein Frosch, sie will ihm gar dreinreden, was er zu tun und zu lassen habe *(Sed Fortunata vetat).* Ja, das könnte ihr so passen *(Ita tibi videtur)!*

So liegen wir vermutlich mit unserer Lösung («Miß Möchtegern») nicht ganz falsch, wenn uns auch klar ist, daß «Möchtegern», ähnlich wie «Gernegroß», im Deutschen eigentlich keine Frau bezeichnen kann.

Wenn wir uns die Freiheit nehmen, beim Übersetzen kurzerhand Schimpfwörter zu schaffen, dann deshalb, weil bereits unsere Texte neben echten, dem Sprachschatz des Normalrömers entlehnten, auch Neuschöpfungen enthalten.

Die *Cassandra caligaria* (Cassandra mit Soldatenstiefeln) ist ein solches Kunstprodukt und wird erst verständlich, wenn man sich erinnert, daß Trimalchio an einer früheren Stelle des Satyricon (52, 1) jene trojanische Unglücksprophetin, die sich, weil sie Jungfrau bleiben wollte, sogar dem Gott Apollo versagte, offenbar mit der Hexe Medea verwechselt:

... (auf einem Prunkgefäß ist dargestellt)

quemadmodum Cassandra occidit filios suos et pueri mortui iacent sic, ut vivere putes.
wie Cassandra ihre Söhne umbringt, und die toten Buben liegen da, daß man glauben könnte, sie lebten.

Medea war es nämlich, die, um ihren ungetreuen Ehemann Jason zu treffen, ihre beiden Kinder umbrachte. Ähnliche Gelüste werden Fortunata unterstellt, dazu die Bereitschaft, ihrem Mann «auf die Zehen zu treten» – was besonders weh tut, wenn man einen Nagelschuh, eine *caliga,* trägt wie die römischen Soldaten.

Sterteia, das letzte von Trimalchio benützte Schimpfwort in unserem Text, ist ebenfalls nicht unproblematisch.

Offensichtlich hängt es mit *stertere,* schnarchen, zusammen, weshalb denn auch das PONS-Wörterbuch «Schnarcherin» angibt. Es ist jedoch wenig wahrscheinlich, daß einer Frau, die weint und deshalb beschimpft wird, im gleichen Atemzug vorgehalten wird, daß sie – zu anderer Zeit – schnarcht. Mutmaßlich ist der Bedeutungsumfang des Wortes *sterteia* weiter und erfaßt eine ganze Reihe unliebsamer Geräusche, darunter auch das überlaute Flennen und Lamentieren, in das Fortunata ausbricht, als sie der von ihrem erbosten Mann geschleuderte Becher trifft.

III. Onera hunc maledictis!   *Ein Schimpfterzett*

«Deck den da ein mit bösen Worten!» Mit diesem Satz ruft ein junger Mann namens Calidorus in der Plautuskomödie «Pseudolus» seinen Sklaven, den pfiffigen Helden des Stücks, zu Hilfe, um einen üblen Burschen, einem *leno,* so richtig die Meinung zu sagen.

Leno wird in der Regel mit «Kuppler» übersetzt; das scheint nicht mehr weit vom Heiratsvermittler entfernt zu sein, und man erinnert sich an Smetanas Verkaufte Braut und den allzu schlauen und daher am Ende geprellten Kezal. Doch wenn der *leno* dessen Schicksal auch in der Regel teilen muß: Er vermittelt keine Hochzeiten, sondern er vermietet oder verkauft Mädchen – er ist ein schnöder Bordellwirt, und dementsprechend verachtet, vor allem, wenn er Zusagen nicht einhält und geleistete Schwüre bricht.

Genau das hat der «Kuppler» Ballio (B) Calidorus (C) gegenüber getan, und darum fallen nun dieser und Pseudolus (P) über ihn her:

> C: *Pseudole, adsiste altrim atque onera hunc maledictis!*
> P: *Licet (...)*
> C: *Ingere multa mala!*
> P: *Iam ego te differam verbis meis, impudice!*
> B: *Ita est.*
> C: *Sceleste!*
> B: *Dicis vera.*
> P: *Verbero!*

15

B: *Quippini?*
C: *Bustirape!*
B: *Certo.*
P: *Furcifer!*
B: *Factum optume.*
C: *Sociofraude!*
B: *Sunt mea istaec.*
P: *Parricida!*
B: *Perge tu!*
C: *Sacrilege!*
B: *Fateor.*
P: *Periure!*
B: *Vetera vaticinamini.*
C: *Legirupa!*
B: *Valide.*
P: *Permities adulescentium!*
B: *Acerrume.*
C: *Fur!*
B: *Babae!*
P: *Fugitive!*
B: *Bombax!*
C: *Fraus populi!*
B: *Planissume.*
P: *Fraudulente!*
C: *Impure leno!*
P: *Caenum!*
B: *Cantatores probos!*
C: *Verberavisti patrem atque matrem!*
B: *Atque occidi quoque potius quam cibum praeberem.*
     Num peccavi quippiam?
P: *In pertusum ingerimus dicta dolium. Operam ludi-*
     mus . . . (PLAUTUS, PSEUDOLUS 357 FF.)
C: Pseudolus, komm mir zu Hilfe und decke so wie ich
     den da mit bösen Worten ein!

16

P: Freilich!

C: Überschütte ihn mit Schande!

P: Gleich werd' ich dich mit meinen Worten in der Luft
    zerreißen; Lustmolch!

B: Stimmt.

C: Schuft!

B: Du sagst die Wahrheit.

P: Lumpenhund!

B: Warum auch nicht?

C: Leichenfledderer!

B: Gewiß doch.

P: Galgenschwengel!

B: Prima!

C: Kameradenbescheißer!

B: So bin ich nun mal!

P: Vatermörder!

B: Mach du nur weiter!

C: Kirchenschänder!

B: Geb ich zu!

P: Meineidbauer!

B: Alte Geschichten wärmt ihr auf.

C: Gesetzesbrecher!

B: Stark!

P: Jugendverderber!

B: Ganz richtig!

C: Dieb!

B: Super!

P: Drückeberger!

B: Bravissimo!

C: Volksbetrüger!

B: Das war deutlich!

P: Hinterlistiger Kerl!

C: Schmutziger Bordellwirt!

P: Dreckstück!

B: Ihr seid tüchtig im Duett.

C: Vater und Mutter hast du geschlagen!

B: Ich hab' sie sogar umgebracht, um sie nicht durchfüttern zu müssen. Hab ich da etwas falsch gemacht?

P: Wir schütten unsere Worte in ein bodenloses Faß und machen uns unnütze Mühe!

Der Reiz dieser ohne Zweifel bühnenwirksamen Szene besteht darin, daß zwei Leute ihren ganzen Vorrat von Kraftausdrücken an einen Dritten verschwenden, ohne die mindeste Wirkung zu erzielen: Der Bordellbesitzer ist – genau wie das Publikum ihn einschätzt – völlig abgebrüht, bar jeder Moral und hart im Nehmen. So bricht er jeder Schelte die Spitze ab, indem er sie als zutreffend bezeichnet.

Ob ein solches Verhalten besonders glaubhaft ist, darf man ebenso in Frage stellen wie die «Echtheit» des nur an dieser Stelle belegten Schimpfworts *sociofraudus* (Kameradenbetrüger): Weit weniger als Petron, dessen Ehekrachszene im ganzen wie aus dem Leben gegriffen wirkt, wollte Plautus die Wirklichkeit abbilden. Er nützte die Freiheit des Komödianten zur Übertreibung und überlegte sich sehr wohl, wie er seine Zuschauer am ehesten zum Lachen bringen konnte: Ein Mensch unter einer zweifachen Dusche von Verbalinjurien, der sich einfach schüttelt wie ein Hund – das machte sicherlich Effekt, genau wie die vielen Rüpel- und Prügelszenen, mit denen er seine griechischen Vorlagen «aufmotzte», damit sie dem Geschmack seines römischen Publikums entsprachen.

Die öffentliche, oft nächtliche Beschimpfung und Verhöhnung unliebsamer Zeitgenossen, die *flagitatio,* war zu seiner Zeit noch eine beliebte Form der Volksjustiz, so wie einst in Bayern und Tirol das Haberfeldtreiben. Plautus hat jenen Brauch literaturfähig gemacht und viel Phantasie darauf verwendet, immer neue Kraftausdrücke zu erfinden, die wohl auch der römische Hörer bisweilen erst nach einigem Nachdenken ganz begriff – doch ein solcher Aha-Effekt erhöht ja noch die Wirkung eines Witzes.

So wird im «Amphitruo» (1029) der Sklave Sosia als *ulmorum Acheruns* beschimpft, als Unterweltsstrom der Ulmenruten. Was gemeint ist, enthüllt sich peu à peu: Der Sklave verdient Prügel, natürlich, doch für die Knüppel, die man gegen ihn einsetzt, ist er die Hölle, das Fegefeuer, sie gehen an ihm kläglich zugrunde, jawohl, sie stöhnen laut – denn der Acheron, das ist der Strom des hemmungslosen Stöhnens!

In witziger Weise wird das Verhältnis Sklave–Knüppel umgekehrt: Nicht jener stöhnt, wenn dieser ihn trifft, nein, man muß Mitleid mit den Knüppeln kriegen, die sich an einem Sosias offenbar fruchtlos zerschleißen.

Völlig nutzlos – und das macht die folgende Szene aus einer nicht nur dem Namen nach komischen Oper, Peter Cornelius' «Barbier von Bagdad», mit unserer Plautus-Passage in besonderem Maße vergleichbar – ist auch die gemeinsame Beschimpfung des maßlos geschwätzigen und impertinenten angeblichen Tausendkünstlers Abul Hassan Ali Eben Bekar durch die Dienerschaft eines von ihm genervten Kunden:

Hinaus, hinaus aus Hof und Haus!
Du Schelm, du Wicht, du Galgengesicht!
Du Narr, du Schwätzer, du Messerwetzer,
du Beckenträger, du Haarabsäger,
du Hungerleider, du Pflasterschneider,
du Pulverreiber, du Giftverschreiber,
hinaus, hinaus aus Hof und Haus!
Du Haarseilwinder, du Leuteschinder,
du Gurgelschwenker, du Armverrenker,
hinaus, hinaus aus Hof und Haus!
Du Salbenwischer, du Pillenmischer,

du Wundenstecher, du Beinzerbrecher,
hinaus, hinaus!
Du Pulsbefasser, du Aderlasser,
Lanzettenritter und Leichenbitter,
hinaus, hinaus!
Du Zähneauszwacker, du Placker, du Racker,
du Sternebegucker, du Schlucker, du Mucker,
hinaus, hinaus aus Hof und Haus!
(DER BARBIER VON BAGDAD, I. AKT, 6. SZENE)

Wie wir sehen, sind die hier gebrauchten Scheltworte zum
größten Teil Kunstprodukte, ähnlich dem Rutenfegefeuer,
und wir bewundern die Kreativität des Komponisten, der für
seine Oper das Textbuch selbst schrieb – er kann sich durchaus mit Plautus messen!

Allerdings bleiben die vielen starken Worte ohne Wirkung, Abul Hassan dreht den Spieß um, vertreibt die ganze
Dienerschar und behauptet das Feld: Frechheit siegt, genau
wie im Falle des *leno*.

IV. Simia! *Affe!*

Aus einer Satire des Ennius (frg. 69) stammt der böse Vers *Simia, quam similis, turpissima bestia, nobis!* (Affe, wie gleichst du, scheußlichstes Vieh, doch uns Menschen!), ein Vers, in dem kunstvoll – und unübersetzbar – mit den Wörtern *simia,* Affe, und *similis,* ähnlich, gespielt und dann eine grelle Antithese aufgebaut wird: Dort das garstige Vieh – da wir selbst, die wir im Zerrbild unsere eigenen Züge erkennen.

Wer demnach einen anderen als Affen bezeichnet, macht ihn damit zwar weniger zum Tier, als wenn er zum Beispiel «du Schwein» sagt, aber die Menschenähnlichkeit, die er ihm beläßt, ist ebenso grotesk wie abstoßend: Der Affe beleidigt den *homo sapiens,* indem er ihn «nach-äfft».

Häßlichkeit und der klägliche Versuch der Nachahmung sind denn auch die Bezugspunkte, wenn jemand als Affe beschimpft wird: Für einen üblen Typ gebraucht Plautus das Wort im «Truculentus» 269, Vatinius, ein Freund Ciceros, teilt in einem Brief an ihn mit, daß er den Seeräuber Catilius erwischt habe; der aber sei nichts weiter als ein Affe und, als Mensch betrachtet, keinen halben Groschen wert gewesen (*Simius, non semissis homo* – ad familiares V 10a, 1). Cicero seinerseits nennt seinen politischen Gegner Plancus Bursa, den er nach eigenem Bekenntnis noch ärger haßte als seinen Busenfeind Clodius (*oderam multo peius hunc quam illum ipsum Clodium* – ad familiares VII 2, 2) *simiolus,* einen lächerlichen Affen, weil dieser, obwohl er ihn einmal verteidigt hatte, auf die Seite seiner Gegner getreten war. Nun, Undank ist eine häßliche Eigenschaft – kein Wunder also, daß sie Bursa in Ciceros Augen zum Affen macht, denn Haß verzerrt nicht nur die Züge dessen, der haßt, sondern läßt auch den Gehaßten grundhäßlich erscheinen.

Simia purpurata, Affe im Purpurmantel, soll schließlich nach Mitteilung des spätantiken Historikers Ammianus Marcellinus (17, 11, 1) ein Spottname für den nicht eben besonders hübschen Kaiser Julian Apostata gewesen sein.

Horaz nennt einen Dichterkollegen *simius iste,* «der dumme Affe da», weil er nichts weiter gelernt habe als im Stil von Calvus und Catull zu schreiben *(nil praeter Calvum et doctus cantare Catullum);* auch der ältere Seneca tituliert in seinen Controversien (9, 3, 125) einen einfallslosen Imitator so, während der Epigrammatiker Martial sich in einem solchen Fall eher an einen Papagei erinnert fühlt, der Wachtelschlag nachahmt *(voce ut loquatur psittacus coturnicis –* epigr. 10, 3, 8).

Womit wir bei den Vögeln wären!

Corvus, Rabe, und *pica,* Elster, sind krächzende Vögel und damit die idealen Spottbilder für Leute, die gern «singen», das heißt dichten möchten, es aber nicht schaffen.

Der Satiriker Persius spricht im Hinkiamben-Prolog zu seinen sechs Satiren davon, welches Motiv Hinz und Kunz zu Dichtern macht:

Quis expedivit psittaco suum chaere
picasque docuit verba nostra conari?
Venter, negatas artifex sequi voces.
Quod si dolosi spes refulserit nummi,
corvos poetas et poetridas picas
cantare credas Pegaseium nectar.

Wer löst dem Papagei die Zunge zum Servus
und lehrte Elstern unsre Worte nachahmen?
Der Bauch, er schafft's, daß redet, wem's verwehrt
    wäre.

Wenn trügerische Hoffnung läßt das Geld funkeln,
besteigen Dichterraben, Elster-Dichtmaiden
den Pegasus und singen los, man könnt's für süß halten.

Und dabei sollten solche Leute sich an ein altes Sprichwort
erinnern, das der eifrige Sammler Gellius in der Vorrede zu
seinen «Noctes Atticae» zitiert, um Ungebildete von deren
Lektüre fernzuhalten:

> *Nihil cum fidibus graculost, nihil cum amaracino sui.*
> (PRAEF. 19)
> Einer Krähe ist nicht mit der Lyra gedient, und
> einer Sau nicht mit Brillantine.

So, wie die Krähe einfach nicht singen kann, mag man sie
noch so schön auf der Leier begleiten, wird das Schwein, für
antike Menschen das Muster der Unsauberkeit, nicht appe-
titlicher, wenn man es pomadisiert.

In der Plautuskomödie «Stichus» (64) schimpft der alte
Antipho auf seine pflichtvergessenen Sklaven, die nur an ihr
Futter denken und im übrigen im Haus alles liegen und stehen lassen, daß man meinen könnte, man wohnte nicht mit
Menschen zusammen, sondern mit Säuen *(non homines ha-
bitare mecum hic videntur, sed sues)* – die Unordnung gemahnt also, wie wir zu sagen pflegen, an einen Saustall.

Ebenso wie im Deutschen wird das arme Schwein, von
dem wir mittlerweile wissen, daß es seinem Wesen nach
reinlich und nur durch die Art der Haltung zur Unsauberkeit
verdammt ist, von den Römern als besonders dumm angese-
hen, als saudumm, wenn man so will – was bekanntlich auch
nicht stimmt.

Der Grammatiker Remmius Palaemon wußte das nicht,
war aber im übrigen von seinem umfassenden Wissen derart
überzeugt, daß er nach Aussage Suetons (gramm. 23) den

Universalgelehrten M. Terentius Varro als *porcus,* als dummes Schwein, zu beschimpfen wagte, wohingegen der heilige Hieronymus, ein äußerst streitbarer Herr, in seiner Schrift gegen Iovian (2, 36) dessen Anhang – höchst tierisch – als *sues, canes, vultures, aquilae, accipitres et bubones,* d. h. als Säue, Hunde, Geier, Adler, Habichte und Uhus bezeichnete. Uns stört in dieser Reihe der Adler – auf diesen klassischen Wappenvogel lassen wir nichts kommen; Geier und Habichte dagegen gelten auch uns als gierig, und den Uhu halten wir im allgemeinen für einen komischen Vogel, während er für die Römer ein übler Unglücksbringer war. Unstreitig lächerlich muß ein *struthocamelus depilatus,* ein gerupfter Strauß, aussehen, den Seneca in seiner Schrift über die sittliche Festigkeit des Weisen (de const. sap. 17, 1) vorführt. Das aus dem Griechischen entlehnte Wort ist an sich schon kurios, denn eigentlich bedeutet es «Kamelspatz» oder «Sperlingskamel».

Cuculus, der Kuckuck, der fremde Nester aufsucht, paßt gut als Beschimpfung von Männern, die fremdgehen (z. B. Plautus, Asinaria 934), und *upupa,* der Wiedehopf, dessen dumpfer Ruf in seinem Namen so herrlich eingefangen ist und der mit seinem langen Schnabel in Kuhfladen stochert, ist für den heiligen Hieronymus ein Muster der Unsauberkeit (in Iovianum 2, 37).

Doch verweilen wir noch ein wenig beim Schwein: Wer auf einer italienischen Speisekarte nach Schweinebraten sucht, wird bei *maiale* fündig; das Wort geht auf das lateinische *maialis,* kastrierter Eber, zurück, womit Cicero den Schwiegervater Caesars, Lucius Calpurnius Piso, beschimpfte. Wie wir wissen, blieb dieser ihm nichts schuldig, aber während seine Schmähreden verloren sind, haben wir Ciceros *oratio in Pisonem* noch, eine giftige, von gröbsten Beleidigungen überquellende Invektive:

Ego istius pecudis ac putidae carnis consilio scilicet aut praesidio volebam niti?

Ab hoc eiecto cadavere quidquam mihi aut opis aut ornamenti expetebam? Consulem ego tum quaerebam, consulem, inquam, non illum quidem, quem in hoc maiali invenire non possem... (IN PISONEM 9, 19)

Ich hätte mich auf den Rat und die Hilfe dieses Schafskopfs, dieses stinkenden Stücks Fleisch verlassen wollen?

Von diesem weggeschmissenen Aas hätte ich irgendwelche Unterstützung und Förderung erwartet? Nach einem Konsul suchte ich damals, nach einem Konsul, sage ich, aber nicht nach dem, den ich in diesem kastrierten Saubären hätte finden können...

Über *pecus,* das Schaf, brauchen wir nicht viel zu sagen; das geduldige Tier muß im Lateinischen ebenso wie im Deutschen als Beispiel besonderer Dummheit herhalten: oft steht es für das «Stück Vieh» schlechthin. *Pecus ac belua,* ein Vieh, ein großes Vieh, oder vielleicht auch «ein Hammel, ein Rhinozeros» ist der Volkstribun Clodius für Cicero (de haruspicum responso 3, 5), und *vervex,* Hammel, muß sich bei Petron (sat. 57, 2) ein junger Bursche nennen lassen, der das Lachen nicht mehr verbeißen kann.

Rhinoceros, das Nashorn, erlebte man bisweilen in der Arena und behielt es als wenig schön in Erinnerung; um einen verunstalteten Menschen zu verspotten, bemühte es der Satiriker Lucilius (frg. 117).

Interessanterweise haben unsere «dumme Kuh», der Hornochse und das Rindvieh keine direkten Entsprechungen im Lateinischen; die Römer, ursprünglich ein Bauernvolk, brachten diesen arbeitsamen Tieren anscheinend etwas mehr Respekt entgegen als wir.

Wenn in einer Epode des Horaz (12, 17) ein Mädchen

ihren Liebhaber als *taurus iners* bezeichnet, geht es um Sex. Sie schimpft ihn einen Bullen, der nichts taugt – jedenfalls nicht bei ihr. Bei einer anderen, der Inachia, klappt es dreimal pro Nacht!

Der Gescholtene freilich kann sein Unvermögen erklären: Dieses Weib, das sich besser mit schwarzen Elefanten abgäbe *(mulier nigris dignissima barris),* hat einen unerträglichen Körpergeruch, ihr sitzt ein hartnäckiger Bock *(gravis hircus)* in den haarigen Achselhöhlen, und wenn sie in Hitze gerät, dann schwitzt sie abscheulich.

Als Ausbund der Unbelehrbarkeit sieht erst der streitbare und schimpfgewaltige heilige Hieronymus (Micha, prol. 2) – in Abwandlung eines Psalmverses – die «feisten Stiere» *(pingues tauri),* die gegen die Wahrheiten der Bibel anrennen, aber wie dem Psalmisten erscheinen ihm diese riesigen Tiere auch bedrohlich genug: «Große Farren haben mich umgeben, gewaltige Stiere haben mich umringt. Ihre Rachen sperren sie auf wider mich wie ein brüllender und reißender Löwe.» (Psalm 22, 13 f.)

Da ist es schon erheiternder, wenn *ranae loquaces,* geschwätzige Quakfrösche, das Maul aufreißen und gegen die Ideale der Mönche loszetern (Hieronymus, epist. 38, 5).

Wie wir sehen, erlaubt der Tiervergleich vielfältige Differenzierung, sei es nach Wesensmerkmalen, nach Gefährlichkeit, Lächerlichkeit oder ganz schlicht nach Größe: *pecus* ist der Oberbegriff für das Kleinvieh, also für Schafe, Ziegen und Schweine, und eignet sich, um z. B. durchschnittliche Dummheit zu brandmarken.

Belua («Ungetüm») bezeichnet Riesiges, Plumpes, Ungeschlachtes und kann durch *monstrum* («Ungeheuer»), *portentum* («Mißgeburt, Scheusal») und das bedeutungsähnliche *prodigium* noch überboten werden.

Bei den letzten drei Wörtern schwingt etwas für Römer

sehr Bedeutsames mit: Ein Kalb mit zwei Köpfen war für sie keineswegs nur eine Laune der Natur, eine Kuriosität für Sammler des Abnormen, sondern ein Fingerzeig der Götter, ein «Vorzeichen», das für die Zukunft Schlimmes gewärtigen ließ.

«Warnung», «Ankündigung» und «Vorhersage» – auf diese Bedeutungen könnte man *monstrum* (zu *monere:* mahnen, warnen), *portentum* (zu *portendere:* ankündigen) und *prodigium* (zu *prod-aio:* ich sage vorher) zurückführen, sollte aber dabei nicht vergessen, daß man mit diesen scheinbar abstrakten Begriffen immer ganz Konkretes belegte, zum Beispiel eben eine Mißgeburt.

In der Beschimpfung macht *pecus* den Menschen zum Tier, *bestia* bzw. *belua* zur reißenden Bestie, zum Un-tier, zum Un-getüm, und das *portentum* rückt ihn nahe an die dämonischen Mischwesen des Hieronymus Bosch heran.

Kein Wunder, daß Cicero, wenn er auf den Anhang seines Busenfeinds Catilina eindrischt, dieser Steigerungslinie folgt:

Nolite, iudices, arbitrari hominum illum impetum et conatum fuisse: neque enim ulla gens tam barbara et tam immanis umquam fuit, in qua non modo tot, sed unus tam crudelis hostis patriae sit inventus: beluae quaedam illae ex portentis immanes ac ferae, forma hominum indutae, exstiterunt. (PRO SULLA 17, 76)

Glaubt nicht, meine Herren Richter, Menschen hätten jenen Anschlag unternommen. Kein Volk war je so barbarisch oder so entmenscht, daß sich in ihm nicht etwa so viele, sondern auch nur ein einziger derart grausamer Feind des Vaterlands gefunden hätte: Eine Art Ungeheuer waren es, aus Höllenwesen entstanden, gräßlich und wild – und die nahmen Menschengestalt an.

Offensichtlich liebte Cicero den Monster-Vergleich, denn kaum einer der von ihm Bekämpften blieb davon verschont, weder Verres noch der Volkstribun Clodius noch der Revoluzzer Catilina noch Caesars alter Kampfgefährte und selbsternannter Erbe, Marcus Antonius, gegen den unser Redner seine vierzehn «philippischen» Reden hielt:

Hanc vero taeterrimam beluam quis ferre potest aut quo modo? Quid est in Antonio praeter libidinem, crudelitatem, petulantiam, audaciam? Ex his totus conglutinatus est. Nihil apparet in eo ingenuum, nihil moderatum, nihil pudens, nihil pudens, nihil pudicum! (IN M. ANTONIUM ORATIO PHILIPPICA III 11, 28)

Aber dieses abscheulichste Ungeheuer, wer kann das ertragen, und wie? Was ist in Antonius sonst vorhanden als Gier, Grausamkeit, Zügellosigkeit, Verwegenheit? Daraus besteht er ganz und gar. Nichts Edles zeigt sich an ihm, keine Mäßigung, kein Ehrgefühl, keine Scham!

In der *belua* vereinigen sich für Cicero alle Eigenschaften des Un-menschen: Das Un-tier kennt keine Scham, folgt unbeherrscht den niedersten Trieben und tut voll abartiger Lust allein das Böse. Diesen Bedeutungsumfang hat das Wort freilich nicht immer; bei Plautus verbindet sich damit in erster Linie die Vorstellung von Dummheit, ähnlich wie mit *pecus:*

Ne tu me edepol arbitrare beluam, qui quidem non novisse possim, quicum aetatem exegerim. (PLAUTUS, TRINUMMUS 952 F.)

Halt' du mich, bei Gott, nicht für ein Rindvieh, daß ich den nicht kennen könnte, mit dem ich ewig lang zusammen war.

Schlauheit, mit Bosheit gepaart, traute man der Schlange zu und bedachte nicht nur Frauen mit dieser Beschimpfung. So nennt Cicero den Clodius *vipera venenata ac pestifera,* verderbliche Giftschlange, und *serpens,* Natter (de haruspicum responso 24, 50 und 25, 55).

Auch der Fuchs, von dessen Verschlagenheit zahlreiche Tierfabeln erzählen, bot sich zum Vergleich an, um einen raffinierten Burschen wie Eutropius, den Gegenspieler des Vandalen Stilicho am weströmischen Hof, zu charakterisieren: *Vetula vulpis,* alter Fuchs, nennt ihn Claudian (c. in Eutropium I 145).

Daß auch ein so niedliches Tierchen wie die Haselmaus *(nitedula),* die römische Feinschmecker gern in Honig eingelegt verzehrten, sich für böse Vergleiche eignet, will man zunächst nicht glauben, doch Cicero kommt der winzige Nager gerade recht, um heimliche Umtriebe gegen seine eigene Person bissig aufzuspießen:

> *Quoniam id enim fatum civitatis fuit, ut illa ex vepreculis extracta nitedula rem publicam conaretur adrodere.* (PRO SESTIO 33, 72)
> Es war ja nun einmal das Unglück der Stadt, daß diese aus dem Gebüsch gefischte Haselmaus ihre Nagezähne am Staatswesen ausprobierte.

Auf unserem Weg vom Großen zum Kleineren stoßen wir auch auf *muscae, culices, cimices, pedesque pulicesque* – so werden die geldgierigen Bordellwirte im «Curculio» des Plautus (499f.) genannt: Fliegen, Mücken, Wanzen, Läuse, Flöhe – alles Blutsauger, und unsaubere dazu.

Wer gern die Wörter in der Einzahl kennenlernen möchte, soll umgehend bedient werden:

Musca, culex, cimex, pedis, pulex – das klingt fast besser als im Plural, und wenn wir uns die Reihe etwas näher ansehen, dann ist sie auch stilistisch durchgeformt – c – c – p – p wird alliteriert, daß man die bösen Tierchen regelrecht zustechen und zubeißen hört.

Viel kleiner geht's nun nicht mehr, und es sieht so aus, als hätten wir den Vorrat an tierischen Vergleichen ausgeschöpft.

Was man in einem solchen Fall tat, hat uns Cicero bereits vorgeführt: Man läßt das Tier krepieren und schimpft mit den Überresten weiter: Aas, Luder, stinkendes Stück Fleisch – wir haben es in dem Ausschnitt aus der Rede gegen Piso gelesen und sind noch ganz perplex, was für schlimme Worte ein doch so gebildeter Mann verwendet.

Aber als Verteidiger und Ankläger, als Politiker im Tageskampf, der mit härtesten Bandagen geführt wurde, durfte er nicht zimperlich sein. Wer die Lacher auf seine Seite zog, den Gegner mitleidslos «fertigmachte», der hatte gewonnen.

Kaum jemand hätte beispielsweise vermutet, daß es dem jungen Cicero gelingen werde, als Ankläger den korrupten Gouverneur Siziliens, C. Cornelius Verres, in die Enge zu treiben. In der Regel deckte die römische Oberschicht ihre Mitglieder – eine Krähe hackt der anderen kein Auge aus!

Doch Cicero hatte erdrückende Beweise, eine messerscharfe Zunge und noch eine gute Portion Glück. Dazu gehörte auch, daß der Angeklagte ausgerechnet *Verres* mit Beinamen hieß. Das Wort bedeutet Eber, Wildsau und kann ohne weiteres als Schimpfwort dienen, was unser Redner weidlich ausnützte.

Und da *ius, iuris* – ein merkwürdiger Zufall – einerseits «Recht», andererseits aber «Brühe, Suppe» bedeuten kann, wurde die von Verres praktizierte Rechtsprechung, das *ius Verrinum,* unter der Hand zur Metzelsuppe.

Doch damit sei es für den Augenblick genug mit der Schweine-Beschimpfung; es gibt schließlich noch reichlich andere Tiere, große und kleine, die für Verbalinjurien gut

30

sind – zum Beispiel, um mit einem kleinen zu beginnen, *lumbricus,* der Regenwurm.

Der paßt besonders gut, wenn jemand sich irgendwo versteckt hat:

> *I foras, lumbrice, qui sub terra erepsisti modo, qui modo*
> *nusquam comparebas, nunc quom compares peris! Ego*
> *edepol te, praestrigiator, miseris iam accipiam modis!*
> (PLAUTUS, AULULARIA 628 FF.)

Komm raus, du Wurm, der du eben in die Erde gekrochen bist, der du eben noch nirgends zu sehen warst, aber nun, wenn du vorkommst, verreckst! Bei Gott, ich will dich, du Gauner, gleich übel empfangen!

Der solcherart bedrohte Wurm ist in der «Aulularia» ein Sklave, der etwas ausgefressen hat; in einer anderen Plautuskomödie stoßen wir auf *curculiunculi minuti,* lächerliche Kornwürmchen (Rudens 1325) – aber diesmal ist eine nach Meinung des Schimpfenden viel zu geringe Geldsumme gemeint. Wir würden von «ein paar lumpigen Kröten» sprechen. Daß im gleichen Zusammenhang der Ausdruck *tramae putidae,* dreckige Lappen, fällt, verblüfft uns, denn zu Plautus' Zeiten gab's noch kein Papiergeld. Somit umschreiben die Lappen offensichtlich nur die Wertlosigkeit des Gebotenen.

Für die Plebejer, die kleinen Leute in Rom, die von öffentlichen Zuwendungen lebten, hat Cicero eine anschauliche Bezeichnung parat: *hirudo aerari,* Blutegel der Staatskasse (ad Atticum I 16, 11).

Da von Wanzen und dergleichen schon die Rede war, sehen wir uns noch ein wenig bei den ganz großen Tieren um und stoßen auf den Elefanten.

Zwar ist das kluge Tier selbst, wie auch im Deutschen, nicht schimpfworttauglich, aber mit seiner dicken Haut läßt sich einiges anfangen: Wir wünschen sie uns im Scherz, um dem täglichen Ärger eher gewachsen zu sein, doch für Plautus bedeutet die grobe Schwarte etwas anderes:

> *Eru' meus elephanti corio circumtentust, non suo, neque habet plus sapientiai quam lapis.* (MILES GLORIOSUS 235 F.)
>
> Mein Herr steckt in einer Elefantenhaut, nicht in der eigenen, und hat nicht mehr Verstand als ein Stein.

So beschreibt der Sklave Palaestrio seinen Herrn, einen eitlen und dummen Angeber, der sich als Liebhaber für unwiderstehlich hält und überhaupt nicht mitbekommt, wie man ihm auf der Nase herumtanzt – bis er am Ende der Komödie fürchterlich verdroschen wird. Damit ist *elephanti corium* also ein Merkmal besonderer Indolenz, macht aber – leider – nicht unempfindlich gegen Prügel.

Camelus, das Kamel, das uns als Ausbund von Dummheit gilt, begegnet, so weit wir sehen, nur in einem Komödienfragment des Pomponius (Pictores 2) als Schimpfwort, doch zu *corcodrillus,* dem Krokodil, haben wir einen hochinteressanten Text gefunden, in dem ein Mensch mit dieser *immanis bestia corcodrillus* verglichen wird – und siehe, er ist noch bestialischer als die «gräßliche Bestie»:

«Was nun die Sache mit dem Zahnpulver angeht, so wüßte ich von meinem Ankläger, Herrn Aemilianus, nur zu gern, ob er – wenigstens gelegentlich – seine Füße wäscht. Sollte er das für unnötig halten, dann mag sich jedermann selbst sein Urteil über ihn bilden. Gibt er aber zu, daß er seine Haxen bisweilen säubert, so wird er uns erklären müssen, warum er Zahnpflege für unnötig, ja für kriminell hält und mir den Gebrauch eines harmlosen Pülverchens als Hexerei zum Vorwurf macht.

Mit seinem eigenen Mundwerk, aus dem er nur Gift und Galle und Geifer speit, kann er's ja halten wie er will.

Meinethalben mag er's mit Ruß von einem Scheiterhaufen schwärzen. Ich aber meine, daß ein reiner Mund noch weit wichtiger ist als saubere Füße, weil er jedem, der mit uns zu tun hat, als erstes ins Auge fällt.

Selbst einem so wüsten Biest wie dem Krokodil vom Nil ist sein Rachen nicht gleichgültig, nein, es reißt ihn sperrangelweit auf, wenn es am Ufer liegt, damit bestimmte Vögel die Reihen seiner furchtbaren Zähne sauber picken können!»

Die im Original umfangreichere Passage, die wir um der Wirkung willen gestrafft haben, steht in der Apologie des Apuleius (c. 11) dem im 2. nachchristlichen Jahrhundert seine vielfältigen Talente, sein gewinnendes Äußeres und vor allem sein Erfolg bei einer vermögenden älteren Dame eine Anklage wegen Zauberei eintrugen. Dabei wurde ihm auch der Gebrauch eines Zahnpulvers vorgeworfen, und wir haben gesehen, wie er ihn zurückwies.

Das Raffinierte an dieser Passage ist der weitgehende Verzicht auf direkte Beschimpfung; der Redner erwartet, daß die Zuhörer sich selbst einen Reim dazu machen:

Wäscht Aemilianus nie seine Füße – was für ein Dreckbär ist er dann! Tut er es aber und verzichtet dafür auf Mundpflege, dann spinnt und stinkt er in einem.

Apuleius' Hauptwerk, die Metamorphosen, dürfte unseren Lesern besser bekannt sein unter dem Titel «Der goldene Esel», wobei das Beiwort «golden» auf den Reiz des Buchs abzielt und nicht auf seinen allzu neugierigen Helden, der bei einem mißglückten Versuch mit Hexensalbe statt, wie er es sich gewünscht hatte, zu einem Vogel, eben zu einem Esel wird.

Dieses brave Grautier galt in der Antike – genau wie bei uns – in erster Linie als dumm:

Scio ... me asinum germanum fuisse,
Ich weiß, daß ich ein rechter Esel war.

Das gesteht Cicero in einem Brief an seinen Freund Atticus (IV 5, 3) mit Blick darauf, daß er allzulange auf die falschen Freunde setzte.

Das von ihm verwendete Adjektiv *germanus* bezeichnet zunächst die Abkömmlinge gleicher Eltern, also «leibliche» Kinder, und darüber hinaus alles, was echt, recht und wirklich ist; es verstärkt in unserem Text die Schärfe der Selbstbeschimpfung.

Wenn der Dichter Horaz, einem unerträglichen Schwätzer hilflos ausgeliefert, die Ohren hängen läßt wie ein mißmutiges Eselchen – *demitto auriculas ut iniquae mentis asellus* (sat. 19, 20) –, will er damit wohl seine dumme Gutmütigkeit tadeln, die ihn daran hindert, die lästige Klette energisch abzuschütteln. Zugleich aber spielt er auch auf seinen Beinamen, Flaccus, das Schlappohr, an; er verstand eben die Kunst, sich selbst auf die Schippe zu nehmen.

Vom *asellus,* nicht vom *asinus* leitet sich übrigens unser Esel her, dazu jenes kleine Grautier, das unauffällig in Kellern und Mauerritzen haust, die Assel.

Hinter dieser Entlehnung steht eine häufig zu beobachtende sprachliche Gesetzmäßigkeit: Die Umgangssprache neigt dazu, von der Hochsprache in zwei Richtungen abzuweichen: Bisweilen gibt sie sich deftiger und wirft mit Kraftausdrücken um sich – weswegen im gesprochenen Latein, dem sogenannten Vulgärlatein, zum Beispiel *edere,* essen, durch *manducare,* «mit der Hand zum Mund führen», «mampfen» verdrängt wurde, die Vorstufe zum italienischen *mangiare* und zum französischen *manger* –, bisweilen scheint sie sich in understatement zu üben und nennt ein Haus nicht mehr *domus,* sondern *casa,* Hütte, oder gar *casula,* Kabuff.

Derartige Verkleinerung kann liebevolle Zuwendung ausdrücken wie in «Herzchen», «Mäuschen», «Schnuckelchen», doch ist auch oft Verachtung beigemischt. So dürfte in

34

einer pompeianischen Wandkritzelei (CIL IV 2013, 1) der Ausdruck *vana succula* für eine weibliche Person wohl etwas anderes meinen als «nichtsnutziges Schweinchen»; auch das Schweinderl aus Österreich und die süddeutsche Suckel, in der man noch deutlich *succula* erkennt, haben nicht den rechten Biß; am Ende ist «verlogene Drecksau» gar nicht zu drastisch – doch probieren Sie's selbst aus und versetzen Sie sich dabei in die Rolle des enttäuschten Liebhabers, der mit dieser Kritzelei seinem Herzen Luft gemacht hat:

> *Niycherate, vana succula, que amas Felicione et at*
> *porta deduces, illuc tantu in mente abeto!*
> Nikerate, . . ., die du in Felicio verliebt bist und ihn
> zum Tor schleppst: denk ruhig nur daran!

Da wir schon wieder beim Schwein, dem doch nur zwangsweise unsauberen Tier, gelandet sind, sei noch eine Stelle aus der «Mostellaria» des Plautus (40 ff.) angeführt, die zwar unsicher überliefert ist, aber für unsere Sammlung einige starke Worte hergibt:

Ein Sklave aus der Stadt beschimpft einen anderen vom Lande und wirft ihm seinen strengen Geruch vor:

> *Oboluisti alium,*
> *germana inluvies, rusticus, hircus, hara suis,*
> *canem, capram commixtam!*
> Du stinkst nach Knoblauch,
> du Hosenscheißer, Bauernlümmel, Bock, du Schweine-
> stall,
> nach Hund und Geiß zusammen!

Hübsch ist, wie der so Beschimpfte kontert:

> *Quid vis fieri? Non omnes possunt olere unguenta ex-*
> *otica.*

Was willst du? Nicht alle können duften wie Salböl
aus dem Morgenland.

Daß man im Lateinischen einen Menschen «Saustall»
schimpfen kann, überrascht uns; wir verwenden das Wort
zur Beschreibung übler Zustände. Für die Zukunft sollten wir
uns merken, daß die Römer in weit größerem Umfang als wir
Sachbezeichnungen und abstrakte Begriffe auf Personen
übertragen können. Bei *germana inluvies* verfälscht unsere
Übersetzung um der Verständlichkeit willen:

Eigentlich wird der Mann vom Land als «unvermischter
Dreck», als «Kot», wie das Wörterbuch vornehm formuliert,
als «reine Scheiße» tituliert – aber das gehört in ein anderes
Kapitel.

Noch sind wir bei den Tieren, und zwar beim Bock, einer
rechten Mehrzweckwaffe.

Mit diesem Hornvieh, das, je älter es wird, desto infernalischer
stinkt, mußte sich in Rom vergleichen lassen, wer
allzu arg nach Mensch roch, zum Beispiel der alte Lysimachus
im «Mercator» des Plautus (574 ff.), als er sich mit Heiratsabsichten
trägt:

*Iaiunitatis plenus, anima foetida, senex hircosus, tu osculere
mulierem? Utine adveniens vomitum excutias
mulieri?*
Du Hungerleider, Stänker, alter Bock, du solltest
eine Frau küssen dürfen? Damit sie, wenn du kommst,
das große Kotzen kriegt?

Auch den Körpergeruch selbst konnte man kurzerhand
«Bock» nennen:

Quam paene admonui, ne trux caper iret in alas.
Beinahe hätte ich davor gewarnt, daß ein hartnäckiger
Bock in eure Achselhöhlen schlüpft.

So beginnt Ovid in seiner Liebeskunst (III 193) einen Kurz-
kurs in Kosmetik für Damen, ohne freilich ein wirksames
Deodorant zu empfehlen. Dabei hätte nach einem solchen
gewiß Bedarf bestanden, genau so wie nach einem Mittel
gegen Mundgeruch. Ovid rät, am Morgen mit klarem Wasser
zu gurgeln, was sicher besser ist als gar nichts, aber bestimmt nicht viel hilft, wenn das Übel hartnäckig ist – wie
etwa bei jenem Victius, von dem Catull (c. 98) sagt:

> *Si nos omnino vis omnes perdere, Victi, hiscas: omnino,*
> *quod cupis, efficies.*
>
> Wenn du uns allesamt ganz und gar erledigen
> willst, Victius, mach's Maul auf: ganz und gar erreichst
> du dein Ziel!

Einen ähnlichen Typ hat Martial (epigr. III 17) im Visier,
wenn er von der merkwürdigen Metamorphose einer Pastete
berichtet, die, als man sie auftrug, viel zu heiß war. Ein gewis-
ser Sabidius blies sie ein paarmal an, da kühlte sie freilich
ab –

> *sed nemo potuit tangere:*
> *merda fuit!*
>
> aber anfassen konnte sie niemand:
> Sie war zu Scheiße geworden!

Donnerwetter, sagt man da, der Mann stank aber stark aus
dem Mund – oder sollte Martial doch etwas übertrieben
haben?

Ich fürchte, wir können uns in unserer meisterproper-
sauberen Gegenwart gar nicht mehr so recht vorstellen,
welch kräftige Düfte in früheren Zeiten gen Himmel stiegen,
in Zeiten, denen wir so gerne als den guten alten nachtrau-
ern, weil damals die Welt angeblich noch in Ordnung war. Es
kann nicht schaden, sich vorführen zu lassen, wie anrüchig

diese unsere Idealbilder sind, sei es nun das alte Athen oder Albrecht Dürers Nürnberg oder das Paris des 18. Jahrhundert, von dem Patrick Süskind in seinem Roman «Das Parfüm» (notabene!) einleitend folgendes schreibt:

«Zu der Zeit, von der wir reden, herrschte in den Städten ein für uns moderne Menschen kaum vorstellbarer Gestank. Es stanken die Straßen nach Mist, es stanken die Hinterhöfe nach Urin, es stanken die Treppenhäuser nach fauligem Holz und nach Rattendreck... Die Menschen stanken nach Schweiß und nach ungewaschenen Kleidern; aus dem Mund stanken sie nach verrotteten Zähnen, aus ihren Mägen nach Zwiebelsaft... Der Bauer stank wie der Priester, der Handwerksgeselle wie die Meistersfrau, es stank der gesamte Adel, ja sogar der König stank, wie ein Raubtier stank er, und die Königin wie eine alte Ziege, sommers wie winters.»

Womit wir wieder bei unserem *hircus* oder *caper* wären, der neben seinem Bocksgeruch noch durch eine weitere üble Eigenschaft auffällt: Er ist unmäßig geil, und daran muß etwas Wahres sein, denn die Gedankenverbindung «Bock – (sexuelle) Gier/übermäßige Lust auf etwas» hat sich bis in den heutigen Szene-Jargon gehalten: Es bockt einen nicht, man hat null Bock auf etwas, oder man kleidet eine Liebeserklärung in die Worte: «Du, ich hab echt Bock auf dich!»

Als in der Plautuskomödie «Casina» (531 ff.) eine Ehefrau dahinter kommt, daß ihr Göttergatte sie nur deswegen gedrängt habe, eine Nachbarin einzuladen, um mit deren Mann in dessen Haus der hübschen Sklavin Casina nachstellen zu können, schimpft sie:

Nunc adeo nequaquam arcessam, ne illis ignavissumis liberi loci potestas sit, vetulis vervecibus!

Jetzt lad' ich sie gerade nicht ein, damit die zwei Nichtsnutze keine sturmfreie Bude kriegen, die alten Böcke!

Zu den prominentesten Sex-Böcken Roms gehörte ohne
Zweifel Kaiser Tiberius, der es den Spöttern schon deshalb
leicht machte, weil er sich zu seinen abartigen Vergnügungen auf die Insel Capri, die Bocks- oder Ziegeninsel, zurück-
zog. In seiner dortigen Villa hatte er einen besonderen Raum
eingerichtet, in dem er jungen Leuten beiderlei Geschlechts
beim Gruppensex zusah. Die Wände waren mit pornogra-
phischen Bildern bemalt, und außerdem standen die entsprechenden Schriften bereit, damit sich jeder, der wollte,
über möglichst perverse Stellungen und Verbindungen in-
formieren konnte. Im Park des Tiberius gab es außerdem
«Venusplätze», wo Jungen und Mädchen, als Pane und Nym-
phen kostümiert, sich prostituieren mußten.

Kein Wunder, daß die Leute Tiberius

vulgo nomine insulae abutentes Caprineum dictita-
bant. (SUETON, TIBERIUS 43, 2)
allgemein unter Mißbrauch des Namens der Insel
den Capriner, also den «Bockerer», nannten.

Wem das von uns Mitgeteilte noch nicht reicht, der mag bei
Sueton weiterlesen; es wird ihn vermutlich grausen vor dem,
was der «stoppelbärtige, stinkende Tattergreis» (*hirsutus*
atque olidus senex – so eine Frau, der er vergeblich mit un-
züchtigen Anträgen zusetzte), der alte Bock *(hircus vetulus)*
alles trieb – oder getrieben haben soll, denn dies darf nicht
verschwiegen werden, daß im uns überlieferten Tiberiusbild
die unschönen Wesenszüge übermäßig stark betont sind.

Unvorstellbar grausam und mißtrauisch soll er gewesen
sein, dieser verbitterte alte Mann, der erst spät und gegen
den erklärten Willen seines Adoptivvaters Augustus zu dessen Nachfolger bestimmt wurde, weil seine Mutter Livia es so
wollte und alle anderen Kandidaten, meist auf recht dubiose
Weise, den Tod gefunden hatten.

Im Besitz der Macht habe er, darin sind sich Sueton und Tacitus einig, seine vorher verborgenen üblen Eigenschaften immer deutlicher gezeigt und insbesondere eine sadistische Freude am qualvollen Sterben seiner wirklichen oder vermeintlichen Feinde empfunden. «Nie ruhte der Strafvollzug auch nur einen Tag, nicht einmal an hochheiligen Festen, und manche Leute wurden gar an Neujahr hingerichtet.» (SUETON, TIBERIUS 61, 2)

Ein paar harmlose Worte konnten den Kopf kosten: So soll ein Dichter verurteilt worden sein, weil er in einer Tragödie den König Agamemnon beschimpft hatte (ebd. 3) – Tiberius witterte eine verdeckte Majestätsbeleidigung!

Daß unter seiner Regierung das *crimen laesae maiestatis,* der Vorwurf der Unehrerbietigkeit gegen den Herrscher, eine ganz andere Rolle spielte als unter dem in dieser Hinsicht als äußerst langmütig geschilderten Augustus, steht außer Frage. Ein Catull wäre wohl rasch zum Schweigen gebracht worden!

v. Purgamentum! *Drecksack!*

Wer schimpft, der ist bestrebt, aus dem vollen zu schöpfen, und wägt seine Worte nicht lange, sondern ist's zufrieden, wenn sie im großen und ganzen die rechte Kerbe treffen. Insoweit ist unsere Klassifikation der Beschimpfungen ziemlich akademisch, denn sobald die Fetzen fliegen, vermengen sich die Kraftausdrücke aus verschiedenen Bereichen – wir sahen es bereits bei Fortunatas Angriff auf Trimalchio, den sie in einem Atem *purgamentum, dedecus* (Schandfleck) und *canis* (Hund) nannte.

Wir aber werden uns nun voll in den Dreck stürzen – dies ist die wörtliche Bedeutung von *purgamentum,* die uns in Erinnerung ruft, wie leicht man im Lateinischen die Bezeichnung für etwas Unschönes zum Schimpfwort machen kann, – und ein entsprechendes Repertoire anlegen. Das fällt nicht schwer, wenn wir uns an Plautus halten, der in seinem «Persa» (405 ff.) den Sklaven Toxilus Kübel von Dreck über den Bordellwirt Dordalus ausgießen läßt:

> *D: Toxile, quid agitur?*
> *T: O, lutum lenonium, commixtum caeno sterculinum publicum, impure, inhoneste, iniure, inlex, labes populi, pecuniai accipiter avide atque invide, procax, rapax, trahax – trecentis versibus tuas inpuritias traloqui nemo potest!*
> D: Toxilus, was ist los?
> T: Ah, Dreckszuhälter, mit Scheiße gut durchmischter Dorfmisthaufen, schmutziger Kerl, ehrloser, rechtlo-

ser, gesetzloser, du Schandfleck des Volks, Geldgeier, gieriger und neidiger, zudringlicher, diebischer, räuberischer – selbst in dreihundert Versen kann niemand deine Gemeinheiten ganz aufzählen!

Dreck ist in diesem Ausbruch der Entrüstung über eine verhaßte Randfigur der antiken Gesellschaft ohne Zweifel das Grundmotiv; dazu kommt der beim Beruf des *leno* verständliche Vorwurf schmutziger Geldgier, den das Raubvogelbild ebenso wirksam unterstreicht wie der scharfe Endungsgleichklang von *procax, rapax, trahax* und die Steigerung in drei Stufen. Das letzte Element des mißtönenden Dreiklangs stellt schließlich die Paraphrase der outlaw-Rolle selbst dar.

An Schmutzvokabular fischen wir heraus *lutum:* Lehm, Kot, Dreck, Schlamm – *caenum:* Kot, Schlamm, Unflat, Abschaum (das Wort steckt vermutlich auch in *obscaenus/obscenus,* worauf unser Fremdwort obszön zurückgeht) – *stercus:* Mist, dessen italienische Form *sterco* vor einiger Zeit dadurch zu höheren Ehren kam, daß einem modernen Künstler für einen unregelmäßig geformten Bronzeklumpen, den er *sterco d'elefante* nannte, ein stattlicher Förderpreis zuerkannt wurde. Vielleicht gießt der Mann nächstens einen noch größeren Batzen und nennt ihn *sterco di dinosauro.*

Sterculium ist wahrhaftig der Misthaufen und liegt, als Schimpfwort betrachtet, auf einer Ebene mit der *hara suis,* dem Schweinestall. Das Beiwort *publicus* (öffentlich) weist darauf hin, daß da jeder seinen Dreck abladen kann, und gibt dem Haufen erst die rechte Größe. Sieht man genau hin, dann gehört auch *lutum lenonium* zum Misthaufen-Typ; es heißt wörtlich «Bordellwirtsdreck», denn *lenonius* ist ein Adjektiv zum *leno,* dessen (moralische) Unsauberkeit noch *impurus,* unrein, und das zugehörige Substantiv *impuritia* unterstreichen.

In einer anderen Plautuskomödie, dem «Poenulus»

(825 f.), meint ein Sklave, sein Herr, ebenfalls ein Puffbesitzer, sei wohl der ärgste Dreckskerl auf der ganzen Welt. Hört man sich das Klagelied an, ist man wohl eher betroffen als erheitert, denn man verspürt, welch entwürdigende Rolle ein Sklave in diesem Gewerbe zu spielen hatte:

Sati' spectatum est deos atque homines eius neglegere gratiam, quoi homini erus est consimilis velut ego habeo hunc huiusmodi: Neque periurior neque peior alter est gentium quam erus meus, neque tam luteus neque tam caeno conlitus. Ita me di ament, vel in lautumiis vel in pistrino mavelim agere aetatem praepeditus latere forti ferreo quam apud lenonem hunc servitutem colere. Quid illud est genus, quae illic hominum corruptelae fiunt! Di, vostram fidem! Quodvis genus ibi hominum videas quasi Acheruntem veneris . . .

Es ist schon klar, daß Götter und auch Menschen auf einen Kerl nichts geben, dessen Boß so ähnlich ist wie ich einen habe, grade so: Weder so meineidig noch so schlecht ist einer auf der ganzen Welt noch so schmutzig noch so ganz mit Dreck beschmiert. Bei Gott, ich wollte lieber im Steinbruch oder in der Tretmühle meine Zeit verbringen, gefesselt mit schwerem Eisen, als diesen Sklavendienst beim Bordellwirt tun. Was ist das für 'ne Art! Wie gehen da die Leute vor die Hunde! Ihr Götter, eure Treu! Jede Sorte Menschen kannst du da sehen, gleich als wärst du in die Unterwelt gekommen!

Was einer auch für ein Kerl ist, ob Ritter oder Dieb oder Schlimmeres, man läßt ihn ein, wenn er nur zahlen kann. Drinnen in den *tenebrae et latebrae,* den finsteren Schlupfwinkeln des Bordells, da werden alle gleich, gerade wie drunten am Acheron die Toten. Das ist der Tenor der weiteren Klage unseres Sklaven, in der gewiß auch der Aufschrei mitschwingt: Es ist die Hölle!

Als *Orcus*, Unterwelt, bezeichnet der Sklave Lydus den Ort, wo sich sein Schüler Pistoclerus mit zwei leichten Mädchen, den Schwestern Bacchis, vergnügen will:

Pandite atque aperite propere ianuam hanc Orci, obsecro! (PLAUTUS, BACCHIDES 368)
Schnell, öffnet dieses Höllentor und tut's weit auf, ich beschwöre euch!

Noch hofft der um den jungen Mann rührend besorgte Pädagoge, ihn, gegebenenfalls mit Unterstützung seines Vaters, aus diesem tiefen Dreck *(ex lutulento caeno: 384)* zu ziehen.
Die Gefahr ist freilich groß, denn diese beiden Schwestern sind die reinsten Vampire,

quae hominum sorbent sanguinem (372)
die Menschen das Blut aussagen.

Außerdem hat der arme Lydus bereits erleben müssen, daß Pistoclerus ihn als Lehrer und Moralisten nicht mehr ernst nimmt, daß er ihm gar Prügel androht und ein sadistisches Behagen dabei empfindet, den armen Teufel zu seinen Vergnügungen mitzuschleppen:

Tace atque sequere, Lyde, me! (137)
Halt den Mund, Lydus, und folge mir!

Ohne Zweifel ist Plautus mit diesem Lehrer, der sieht, daß jahrelanges Mühen fruchtlos blieb, eine glaubhafte, tragikomische Figur gelungen, die auf verlorenem Posten gegen das Laster ankämpft.
Das Laster, das sind die beiden gleichbenannten Schwestern, mit allen Wasser gewaschene *meretrices,* «Verdienerinnen», die am Ende sogar die Väter ihrer Liebhaber um den

44

Finger wickeln, so daß diese drauf und dran sind, den Söhnen die Mädchen streitig zu machen.

Doch wenn sich auch Lydus über sie heftig entrüstet, wenn er die Bacchides rasende Bacchantinnen nennt, werden die Mädchen dadurch doch nicht unsympathisch: Sie machen eben aus ihrer schlimmen Lage das Beste, indem sie den Männern auf der Nase herumtanzen. Natürlich fehlt es nicht an groben Beschimpfungen der *meretrices,* die in ihrer Geldgier junge Leute ruinieren, der *lupae* («Wölfinnen» – die Bezeichnung zielt wohl auf die Außenseiterrolle der Dirnen) oder *scorta. Scortum* bedeutet eigentlich «Fell, Haut»; nennt man einen Menschen so, dann spricht man ihm innere Werte ab. Die Verwendung des Wortes «Balg» im Deutschen ist vergleichbar.

In seinen «Attischen Nächten» (3, 3, 6) hat der eifrige Sammler Gellius ein paar Dirnenbeschimpfungen aus einer verlorenen, vielleicht zu Unrecht Plautus zugeschriebenen Komödie bewahrt, weil einen seiner Freunde und wohl auch ihn

faceta verborum antiquitate meretricum vitia atque deformitates significantium (delectatus)
«der altertümliche Reiz dieser Worte, die die schmutzigen Laster der Dirnen beschreiben», erheiterte.

Die vier angeblich spaßigen Wörter fehlen in den mittelgroßen lateinischen Wörterbüchern; ihre Bedeutungen können nur ungefähr erschlossen werden:

scrattae, scrupedae, strittivillae, sordidae
taube Nüsse, Hinkebeine, Zappelliesen, Dreckstücke

Eindeutig ist nur das letzte Wort, der Rest bleibt unsicher; vielleicht erheitert er uns deshalb nicht.

In der Plautuskomödie «Cistellaria» (405 ff.) findet sich in einem bruchstückhaft überlieferten Dialog zwischen einer *lena,* einer Bordellwirtin, und einer *meretrix* mit dem redenden Namen Gymnasium, also etwa «Sportplatz» – im Eselsroman des Apuleius heißt ein sextechnisch erfahrenes Mädchen Palaestra, Ringschule – die folgende Dirnencharakteristik: Diese Mädchen sind

> *limaces lividae, febriculosae, miserae amicae, osseae, diobolares, schoeniculae, miraculae cum extertis talis, cum todillis crusculis.*
>
> bleigraue Nacktschnecken, fiebergeschüttelt, Notnutten, klapperdürre, für zwei Groschen zu haben, billig parfümiert, komische Figuren mit vorspringenden Fußknöcheln und spatzendünnen Schenkeln.

Auch das ist für uns kein komischer Text, nicht einmal, wenn uns dazu einfällt, daß auch im gegenwärtigen Szene-Deutsch «Schnecke» ein Mädchen bezeichnet, an das man sich ranmacht, indem man es «angräbt»; nein, diese Beschreibung blasser, schwindsüchtiger, knochiger Wesen liest sich eher wie eine Anklage. Vergegenwärtigt man sich noch, unter welch entwürdigenden Bedingungen die *meretrices,* größtenteils Sklavinnen, in den finsteren, rußigen Zellen der Bordelle ihrem Gewerbe nachgingen, versteht man, daß sie seltener Gegenstand von Spott und Beschimpfung waren als die Menschen, die solche «Betriebe» leiteten, die *lenones:* Sie, die selbst Kinder in diesen Morast stießen, werden in der Regel attackiert, denn verglichen mit ihnen ist «Dreck keinesfalls dreckiger» (*non lutumst lutulentius:* Plautus, Poenulus 158), auf sie passen auch die ärgsten Fäkalbeschimpfungen, und selbst Terenz, der den Mund sonst nicht so voll nimmt

wie Plautus, wählt starke Worte, wenn es gegen den Bordellwirt geht: ein Misthaufen, *sterculinum,* ist er auch für ihn
(Phormio 526).

Ein Zeitgenosse und Kollege des Plautus, Titinius, von
dessen Komödien nur karge Reste erhalten sind, kann uns in
diesem Zusammenhang mit zwei sonst nicht belegten Beschimpfungen eine Knobelaufgabe stellen: *lotiolente, cularcultor* (Varrus frg. 3) wird da jemand genannt. Gut, *lotio* ist
der Urin, so muß denn ein *lotiolentus* jemand sein, der danach riecht, davon trieft usw.; das Wort ist nach dem Modell
lutulentus, schmutzig, gebildet und erschließbar. An der
zweiten Vokabel haben sich die Gelehrten allerdings die
Zähne ausgebissen. Vielleicht ist *culicultor* zu lesen; das
wäre dann aus *culus,* der Hintere, und *cultor,* Freund, Be-
wohner, Bebauer, zusammengesetzt, klänge ganz schön bissig und könnte allerhand Böses bedeuten, zum Beispiel
Arschkriecher oder dergleichen.

Wer nicht energisch seine Ohren davor verschließt, der
weiß, in welchem Umfang der durch Goethes Götzzitat sogar
zu literarischen Ehren gelangte *culus* samt seinen Ausschei-
dungen das heute gängige Schimpfvokabular beherrscht.
Welche Rolle diesem Bereich bei den «schmutzigen Wörtern» der Römer zukam, läßt sich schwer sagen, da die uns
verfügbaren Texte zum größten Teil der hohen Literatur an-
gehören und uns nur ausnahmsweise unmittelbare Lebens-
äußerungen einfacher Leute begegnen, zum Beispiel in den
pompeianischen Wandinschriften.

Da finden wir freilich oft genug *cacare,* scheißen, und
das zugehörige Substantiv *cacator,* aber nicht in Beschimpfungen, sondern in Warnungen des folgenden Typs:

*Duodecim deos et Deanam et Iovem Optumum Maxi-
mum habeat iratos, quisquis hic mixerit aut cacarit.*
(CIL VI 29848B)

47

Cacator, cave malum! (CIL IV 3832)
Cacator, sic valeas, ut tu hunc locum transeas!
(CIL IV 6641)

Die Zwölf Götter, dazu Diana und Jupiter, den Besten und Größten, soll jeder gegen sich haben, der hierher pißt oder einen Haufen setzt.

Kacker, nimm dich vor Prügeln in acht!

Kacker, so wahr du gesund bleiben willst: Geh ja an diesem Platz vorbei!

Immerhin kann man gewiß sein, daß die Hausbesitzer, die solche Warnungen anbringen ließen, die Worte *cacator* oder *stercorarius* (CIL IV 7038) mit einigem Ingrimm schrieben, denn sie hatten sich ja mit der stinkenden Hinterlassenschaft dieser Leute herumzuärgern, die den Eintrittspreis für die öffentlichen Toiletten sparen wollten. Um eine kleine Minderheit scheint es sich dabei nicht gehandelt zu haben, sonst hätte man sich nicht die Mühe gemacht, ihnen zu drohen; und da wir annehmen dürfen, daß die Drohung oft nichts fruchtete, selbst dann nicht, wenn man mehr als ein Dutzend Götter aufbot, dürfte es in Pompeji mancherorts exakt so gerochen haben, wie es Patrick Süskind vorhin für eine größere Stadt und eine andere Zeit beschrieb.

Der neureiche Trimalchio in Petrons «Satyricon» (c. 71, 8) befürchtet ähnliche Probleme für seine Gedenkstätte und bestimmt im Testament einen Freigelassenen als Aufseher,

ne populus in monumentum meum cacatum currat.
«damit die Leute nicht in mein Grabmal zum Kakken rennen.»

Sofern der eine oder andere unserer Leser nun enttäuscht ist, daß wir fast keine Entsprechungen zu unserem Allerweltspräfix Scheiß- gefunden haben, trösten wir ihn mit Catull.

48

Der nennt die Annalen eines in seinen Augen schlechten Historikers *cacata carta,* bekackten Papyrus oder, wie Werner Eisenhut mutig übersetzt, Scheißannalen; das ist doch wenigstens etwas.

Nachdem wir uns nun lange genug mit *caenum, lutum* und anderem Mist abgegeben haben, wird's Zeit für ein neues Schmutz- und Geruchserlebnis. Wir hoffen, lieber Leser, Sie haben eine phantasiebegabte Nase und können sich ausmalen, wie das stank, was sich im Lauf der Zeit unter den untersten Brettern im Kiel eines antiken Schiffs ansammelte, diese Mischung aus eingedrungenem Seewasser, fortgespültem Erbrochenem, ein paar toten Ratten und weiteren Ingredienzen, die Sie nach Gusto dazutun können. Also, wie roch *sentina,* das Kielwasser? Sofern Ihre Nase unseren Erwartungen entsprach, werden Sie mit unverhohlenem Entsetzen zugeben: Unsagbar!

Ganz richtig, und darum ist *sentina* auch ein ganz starkes Schimpfwort, das mit «Bodensatz», «Abschaum» oder «Hefe des Volkes» nur unzureichend wiedergegeben wäre.

Sentina rei publicae, Kieljauche des Staats, nennt Cicero in der ersten Rede gegen Catilina (5, 12) dessen Anhang, von dem er hofft, er werde «herausgeschöpft» werden, wenn erst der Anführer die Stadt verlassen habe.

Das Bild vom Ausschöpfen übelriechender Brühe, stillschweigend verbunden mit der antiken Menschen wohlvertrauten Metapher vom Staatsschiff, scheint Cicero gefallen zu haben; in der 2. Rede gegen Catilina (4, 7) greift er es wieder auf und jubelt:

O fortunatam rem publicam, si quidem hanc sentinam urbis eiecerit!
O welches Glück für den Staat, wenn er erst diese Jauche der Hauptstadt fortgeschüttet hat!

49

Wer möchte auch an einem Ort hausen, wo das Übel zum Himmel stinkt, oder der, wie Ovid sagt, von Jauche trieft?

Die folgende Stelle aus den «Metamorphosen» (II 760 ff.) hat zwar nicht direkt mit Beschimpfung zu tun, aber sie zeigt eindringlich, wie ein Dichter aus insgesamt mit negativen Empfindungen besetzten Wörtern, worunter Schmutziges natürlich fällt, ein Bild von abstoßender Häßlichkeit entwirft, um eine der häßlichsten menschlichen Eigenschaften grausig zu personifizieren, den Neid: *Invidia,* seine Personifikation, hat ein Haus, das «von schwärzlicher Jauche trieft. Es liegt im tiefsten Grund eines Tals verborgen, unzugänglich jedem Sonnenstrahl, jedem Windhauch; düster, ganz erfüllt von starrendem Frost, ein Haus, das Feuer auf ewig entbehrt und in Nebel gehüllt ist auf ewig.»

Dort hockt *Invidia* «beim Mahl von Schlangenfleisch, der rechten Nahrung für ihr Laster... Leichenblaß ist ihr Mund, ausgemergelt der ganze Leib, nie blickt sie geradeaus, schwarz von Fäulnis sind ihre Zähne, ihre Brust gelbgrün von Galle, und von Gift trieft ihre Zunge.

Lachen ist ihr fremd, es sei denn beim Anblick von Leiden ein Kichern. Nie erquickt sie der Schlaf, wach halten sie quälende Sorgen, denn sie sieht Menschenglück mit Widerwillen und verzehrt sich beim Anblick. So zerfrißt sie und wird zugleich zerfressen und ist ihre eigene Strafe.»

Finsternis, Auswurf, Schmutz, das Ambiente der *Invidia,* läßt sich auch als Beschimpfung wiederfinden: *O tenebrae, lutum, sordes* – so entrüstet sich Cicero in der schon einmal ausführlicher zitierten Rede gegen L. Calpurnius Piso (26, 62), und auch der Aspekt der Tiefe fehlt nicht:

fractum, humile, demissum, sordidum, inferius
gedemütigt, erniedrigt, heruntergekommen, besudelt, inferior

– dazu an anderer Stelle (33, 82):

> *adflictus, inops, infirmus, enervatus*
> ruiniert, bettelarm, ohnmächtig, abgeschlafft.

Die auch uns vertraute Vorstellung, daß es einem Menschen, den das Schicksal nach unten gedrückt hat, «dreckig» gehe – Plautus und Terenz sagen dafür in *luto esse* bzw. in *luto haesitare* –, und die in der Bedeutungsbreite des Wortes *sordes* (Schmutz, niedere Herkunft, schurkische Gesinnung, schmutziger Geiz) enthaltenen Assoziationen muß man vor Augen haben, um die Bosheit des folgenden Catull-Gedichts (c. 23) ganz erfassen zu können, dessen Aussage, auf die kürzestmögliche Formel gebracht, lauten könnte: «Du Hungerleider, dir geht's doch – sauber!»

> *Furei, cui neque servus est neque arca,*
> *nec cimex neque araneus neque ignis,*
> *verum est pater et noverca, quorum*
> *dentes vel silicem comesse possunt:*
> *Est pulcre tibi cum tuo parente*
> *et cum coniuge lignea parentis.*
> *Nec mirum, bene nam valetis omnes,*
> *pulcre concoquitis, nihil timetis,*
> *non incendia, non graves ruinas,*
> *non facta impia, non dolos veneni,*
> *non casus alios periculorum.*
> *Atqui corpora sicciora cornu*
> *aut si quid magis aridum est habetis*
> *sole et frigore et esuritione.*
> *Quare non tibi sit bene ac beate?*
> *A te sudor abest, abest saliva,*
> *muccus et mala pituita nasi.*
> *Hanc ad munditiem adde mundiorem,*
> *quod culus tibi purior salillo est*

nec toto deciens cacas in anno
atque id durius est faba et lapillis
quod tu, si manibus teras fricesque,
non umquam digitum inquinare posses.
Haec tu commoda tam beata, Furi,
noli spernere nec putare parvi –
et sestertia, quae soles precari,
centum desine, nam sat es beatus!

Furius, der du zwar keinen Sklaven und keinen Geldschrank, keine Wanze, keinen Spinnerich und kein Feuer, aber einen Stiefvater und eine Stiefmutter hast, deren Zähne sogar Kieselsteine zerbeißen können: Dir geht's doch gut mit deinem Papa und der spindeldürren Frau deines Herrn Papa! Und 's ist kein Wunder, denn ihr seid kerngesund, verdaut prächtig und braucht nichts zu fürchten, keinen Brand, keinen schlimmen Häusereinsturz, keine Untat, keine Giftanschläge, auch sonst keine bedrohlichen Unglücksfälle. Ihr seid allesamt ja knochentrocken oder, wenn's was Trockneres gibt als Knochen, wegen des Sonnenbrands und der Kälte und des Hungerns.

Warum solltest du dich nicht gut und glücklich fühlen? Schwitzen mußt du nicht, mußt auch nicht spukken, deine Nase bleibt vom Rotz verschont und dem schlimmen Schnupfen. Zu soviel Sauberkeit rechne als noch sauberer, daß dein Hinterer so rein ist wie ein Salzfäßchen und du im ganzen Jahr nicht zehnmal kacken mußt, und das ist dann hart wie Steinchen und Bohnen, so daß du, wenn du's mit den Händen reibst und rubbelst, dir nicht einmal die Finger schmutzig machtest. Solches Glück, so große Annehmlichkeiten, darfst du, Furius, nicht verkennen noch verachten – und die hunderttausend Sesterzen, um die du dauernd bittest, die laß sausen: Du bist hinreichend glücklich!

Die Situation ist klar: Ein Mensch, dem es angeblich ganz dreckig geht, hat Catull angepumpt, und der lehnt nun mit triefender Ironie ab, indem er aus der üblen Lage des Furius einen geradezu paradiesischen Zustand macht. Wonach streben die Philosophen vor allem? Nach Sicherheit und Glück! – Bitte, Furius hat beides; seine Armut, seine Hungerleiderei haben ihn gefeit gegen alle möglichen Gefahren! Und sodann sollte niemand denken, daß er im Dreck stecke, mitnichten, dieses Haus, in dem keine Wanze ihr Auskommen findet, kein Spinnenmännchen spinnt (die Männchen sind bei den Spinnen bekanntlich viel kleiner als die Weibchen und sehen deutlich verhungerter aus), dieses Haus ist ein Muster an Sauberkeit, genau wie Furius selbst, dem alles Schmierige, alles Schmutzige abgeht. Mit liebevoller Bosheit stochert Catull in seinem Mund, seiner Nase, ja sogar seinem Hintern herum und findet überall nur Reinheit. Selbst was da kaum zehnmal im Jahr produziert wird, ist kein schnöder Dreck, sondern ein Feststoff, den man ohne weiteres zu Testzwecken in die Hand nehmen kann!

In raffinierter Weise hat Catull seinen Spott über die Armut des Furius als Lobpreis verkleidet, als belehrende Rede, die dem Angesprochenen klarmachen soll, daß es ihm nicht dreckig, sondern prächtig geht, und die sich zu diesem Zweck auch ein philosophisches Mäntelchen umhängt: Armut macht glücklich, sie befreit den Menschen von irdischen Schlacken und entrückt ihn fast schon in göttliche Sphären – aus denen wir rasch noch einmal zu unserem dreckigen, schmierigen Finsterling (so würden wir wohl im Deutschen *tenebrae, lutum, sordes* wiedergeben) Calpurnius Piso zurückkehren, um mitzuerleben, wie er – nach Cicero – aus einem finsteren Loch ans Tageslicht kriecht (in Pisonem 6, 13):

Meministine, caenum, quum ad te quinta fere hora cum C. Pisone venissem, nescio quo e gurgustio te prodire in-

voluto capite, soleatum? Et cum isto ore foetido taeter-
rimam nobis popinam inhalasses, excusatione te uti va-
letudinis, quod diceres vinolentis te quibusdam medi-
caminibus solere curari? Quam nos causam quum acce-
pissemus — quid enim facere poteramus? —, paullisper
stetimus in illo ganearum tuarum nidore atque fumo.
Unde tu nos quum improbissime respondendo tum tur-
pissime eructando eiecisti.

Erinnerst du dich noch, Dreckskerl, daß du, als ich
mit Gaius Piso am Vormittag gegen elf Uhr zu dir kam,
aus irgendeiner Kellerkneipe 'rauskamst, den Kopf ver-
hüllt und in Pantoffeln? Und als du uns aus diesem deinem übelriechenden Maul da den garstigsten Kneipen-
dunst entgegengeblasen hattest, hast du dich mit deinem Gesundheitszustand entschuldigt, indem du er-
klärtest, du würdest regelmäßig mit alkoholhaltigen
Mitteln behandelt. Als wir diesen Grund akzeptierten –
was hätten wir schon tun können? –, standen wir einige
Zeit in dem Mief und Gestank deiner Fuselbuden, aus
dem du uns durch deine unverschämten Antworten und
besonders durch dein ekelhaftes Rülpsen verscheucht
hast.

Das ist wiederum ein wahrhaft garstiges Bild: ein Mensch,
schon am hellen Vormittag stockbetrunken, entsteigt verlot-
tert einer üblen Kneipe – das von Cicero verwendete Wort
gurgustium ist von *gurges,* Schlund, abgeleitet und gemahnt
an etwas tief Verstecktes, Finsteres –, stinkt meterweit gegen
den Wind und rülpst seine Gesprächspartner ungeniert an. –
In welchen Kreisen konnte man so selbst von seinem ärgsten
Feind sprechen?

Die Antwort ist klar: Unter dem Konsulat des großen
Pompeius und des reichen Crassus vor dem römischen Senat, damals, als Caesar Gallien für Rom eroberte. Und Caesar

war, wie wir wissen, der Schwiegersohn dieses angeblich so verkommenen L. Calpurnius Piso, über den Cicero seinen ganzen Vorrat an bösen Worten ausschüttet, den er als «verfressenen Schlund» bezeichnet, «nur für seinen Wanst auf die Welt gekommen» (*gurges ac helluo, natus abdomini suo,* 17, 41), als ein Vieh, ein faules Stück Fleisch, als einen weggeschmissenen Kadaver (und das sogar mehrfach, nämlich 9, 19 und 33, 82). Ein antiker Kommentator, Asconius Pedianus, weist darauf hin, daß Piso im Vertrauen auf seinen erfolgreichen Schwiegersohn Cicero attackiert und dieser dann in der uns vorliegenden Rede erwidert habe. Wir wüßten gerne, wie jene Attacken aussahen, auf die der große Redner so hart herausgab, werden es aber nie erfahren. Eins freilich ist gewiß: Selbst wenn unsere heutigen Politiker mit harten Bandagen antreten, geht's deutlich zahmer zu.

Die alten Römer in ihrer Freude an derbem Spott und groben Worten erwarteten stärkeren Tobak als der heutige Zuschauer bei einer Wahlveranstaltung und wurden gerade in den letzten Jahren der römischen Republik damit reichlich und von vielen Seiten bedient. Denn nicht allein Cicero verstand sich aufs verbale Dreinschlagen – er liefert uns nur deshalb so viele Beispiele, weil seine Reden, im Gegensatz zu denen seiner meisten Zeitgenossen, erhalten sind. Auch sollte niemand glauben, sein Schimpfen sei unüberbietbar – keineswegs! Denn wenn er zum Beispiel Pisos rülpsendes Mundwerk *gurges* nennt, ist das noch zurückhaltend gegenüber den Ausdrücken, womit in der Plautuskomödie «Curculio» (121 ff.) eine trunksüchtige Alte bedacht wird, und zwar nicht bei Streit und Beschimpfung, sondern in gutmütig gemeintem Spott:

Age, ecfunde hoc cito in barathrum, propere prolue cloacam! (...)

Hoc vide, ut ingurgitat impura in se merum avariter faucibus plenis!

Los, gieß das 'rein in deinen Höllenschlund, spül' schnell deinen Abzugskanal durch!

Schau dir das an, wie das Miststück sich den starken Wein 'reinzieht und die Gurgel ganz voll hat!

Daß wir unsererseits *cloaca* zurückhaltend übersetzt haben, liegt auf der Hand, wenn man sich ausmalt, was in einem derartigen Graben alles träge dahinschwamm – zum Beispiel in der *Cloaca Maxima,* dem ältesten und wichtigsten Abzugskanal Roms, der die Abwässer des Forumstals dem Tiber zuführte, wo seine Mündung heute noch zu sehen ist.

Ja, *cloaca* ist ein sehr starkes Wort, genau wie das aus dem Griechischen entlehnte *barathrum,* das meist den unvorstellbar tiefen Abgrund der Unterwelt bezeichnet; mit *cloaca* als bissiger Pointe sei dieses Kapitel beendet, nämlich mit einer Anekdote, die der ältere Seneca (controversiae 3, praefatio 16) erzählt.

Ein Redelehrer kam zu einem Kollegen, der vor seinen Hörern gerade mächtig angab. «Wäre ich ein Gladiator», sagte er, «dann wäre ich Fusius» – und da dieser Fusius seinerzeit der absolute Star und Liebling des Publikums war, ist der Satz ebenso großsprecherisch wie wenn heute jemand sagte: «Falls ich Fußball spielte, wäre ich so toll wie Maradona.»

Gut, der Mann verglich sich in gleich penetranter Weise noch mit einem Tänzer und einem Rennpferd, doch da fiel ihm sein Kollege ins Wort:

si cloaca esses, Maxima esses!

... und wärst du eine Kloake, dann wärst du die allergrößte!»

VI. Flagitium hominis! *Schandkerl!*

MA: Adibo atque hominem accipiam, quibus dictis me-
ret: Non te pudet prodire in conspectum meum, flagi-
tium hominis, cum istoc ornatu?

ME II: Quid est? Quae res te agitat, mulier?

MA: Etiamne, impudens, muttire verbum unum au-
des aut mecum loqui?

ME II: Quid tandem admisi in me, ut loqui non au-
deam?

MA: Rogas me? Hominis impudentem audaciam!

Frau: Ich geh' auf ihn zu und empfange den Kerl mit
den Worten, die er verdient: Schämst du dich nicht, mir
noch unter die Augen zu kommen, du Schandkerl, und
dazu in diesem Aufzug?

Menaechmus II: Was ist denn los? Was treibt dich
um, Frau?

F: Ja, du Unverschämter, du getraust dich noch zu
mucksen oder gar mit mir zu reden?

M: Was hab' ich denn angestellt, daß ich mich nicht
mehr zu reden trauen sollte?

F: Du fragst mich danach? Wie ist der Mensch doch
schamlos und frech!

Dieses Duett stammt aus einer der an komischen Verwick-
lungen reichsten Plautuskomödien, den «Menaechmi»
(707 ff.). Ursprünglich hießen sie Menaechmus und Sosicles,
die beiden Zwillinge, die als Kinder voneinander getrennt
wurden. Doch weil Menaechmus, der den Namen seines

Großvaters getragen hatte, auf einer Reise verlorenging, wurde der daheim gebliebene Sosicles umbenannt. Jahre später gelangt dieser zufällig in die Stadt, wo der echte Menaechmus lebt, und wird ständig mit ihm verwechselt, bis er ihm endlich selbst gegenübersteht. Vorher gerät er beispielsweise an die Freundin seines Bruders, der dieser eben einen seiner Frau entwendeten Mantel geschenkt hat. Diesen Mantel soll Menaechmus II zum Änderungsschneider bringen und läuft dabei zu seinem Unglück der erbosten Frau in die Arme, die auf der Suche nach ihrem Mann die Stadt durchstreift. Sie kocht vor Wut, denn sie hat den Diebstahl längst entdeckt und weiß auch – Menaechmus I hat es ihr, um sie zu kränken, selbst gesagt –, daß er fremdgeht.

Nun kommt er daher und trägt, wie empörend, den Mantel mit sich herum! Kein Wunder, daß seine scheinbare Schamlosigkeit den Grundton der Gardinenpredigt abgibt, die er sich nun anhören muß:

> *non te pudet – impudens – audes – impudens – audacia*
> du schämst dich nicht – Schamloser – du wagst es –
> Unverschämter – Frechheit

Das sind die Wörter, die das stärkste Schimpfwort umrahmen, *flagitium hominis.* Ebenso wie *dedecus,* das Fortunata ihrem treu- und hemmungslosen Trimalchio an den Kopf wirft, läßt es sich nicht ganz wörtlich wiedergeben, da auch *flagitium* ein abstrakter Begriff ist. Er stammt aus dem militärischen Bereich und bedeutet zunächst die Prügelstrafe – bis hin zum *supplicium fustuarium,* dem Totprügeln. Später bezeichnete es auch jene verbalen Prügel, die in Altrom verhaßten Mitbürgern vor allem zur Nachtzeit in Form von Spottliedern und Beschimpfungen verabreicht wurden, und die Verfehlungen, die dazu Anlaß gaben. Im engeren Sinne meint *flagitium* die schimpfliche Handlung, das lasterhafte

Leben, die Ausschweifung oder Perversion, die allgemein mißbilligt, aber im Gegensatz zum *facinus,* dem Verbrechen, nicht unbedingt strafrechtlich verfolgt wird.

Wenn Sallust den Anhang des Revoluzzers Catilina (Cat. 14) beschreibt, benützt er, genau wie die Frau unseres Menaechmus I, den abstrakten Begriff für Personen und differenziert, wie eben gezeigt wurde, zwischen verkommenen Kerlen *(flagitia)* und echten Verbrechern *(facinora):*

> *In tanta tamque corrupta civitate Catilina, id quod factu facillimum erat, omnium* FLAGITIORUM *atque* FACI-NORUM *circum se tamquam stipatorum catervas habebat. Nam quicumque impudicus, adulter, ganeo manu, ventre, pene bona patria laceraverat, quique alienum aes grande conflaverat, quo flagitium aut facinus redimeret, praeterea omnes undique parricidae, sacrilegi, convicti iudiciis aut pro factis iudicium timentes, ad hoc, quos manus atque lingua periurio aut sanguine civili alebat, postremo omnes, quos flagitium, egestas, conscius animus exagitabat, ii Catilinae proxumi familiaresque erant.*

In einem derart großen und verdorbenen Staatswesen hatte Catilina, was sehr leicht zu erreichen war, Scharen von allerlei verkommenen Existenzen und Verbrechern als Gefolgschaft. Denn jeder Lustmolch, Ehebrecher und Fresser, der mit seinen Fingern, seinem Bauch und seinem Penis ererbtes Vermögen durchgebracht, und wer riesige Schulden gemacht hatte, um sich von den Folgen einer Schandtat oder eines Verbrechens loszukaufen, außerdem sämtliche Vatermörder und Tempelschänder von überall her, Leute, die bereits gerichtlich überführt waren oder wegen ihrer Taten das Gericht fürchten mußten, dazu die, welche Faust und Zunge durch Meineid und Bürgerblut nährten, und

59

schließlich alle, die ihr Laster, ihre Armut, ihr schlechtes Gewissen umtrieb, das waren Catilinas engste Vertraute.

Ja, das ist wirklich ein übler Haufen, der sich da um Catilina sammelt, und Sallust hat sich erkennbar Mühe gegeben, die grellen Farben möglichst dick aufzutragen: «Alle Vatermörder und Tempelschänder von überall her...»

Wir sparen uns allerdings das Verbrecherpack noch bis zum nächsten Kapitel auf und widmen uns den *flagitia,* die in stilistisch kunstvoller Ordnung aufmarschieren:

nam quicumque, impudicus, adulter, ganeo,
manu, ventre, pene bona patria laceraverat

Drei Typen schimpflichen Verhaltens sind genannt, «Schamlosigkeit» *(im-pudicus),* was immer das genau ist, Ehebruch – der *ad-ulter *ad-alterat,* er geht also fremd (zu *alter:* der andere), – und Verfressenheit – der *ganeo* ist in den angeblich von Piso so gern besuchten *ganeae* daheim, üblen Kneipen, an die sich oft genug ein Bordell anschloß. Wir bezeichnen sein Tun daher nicht als «Schlemmerei», wie es vielfach geschieht, sondern gehen davon aus, daß es ihm mehr auf die Menge des Verzehrten als auf besonders exquisite Zubereitung ankam.

Den drei *flagitia* hat Sallust nun drei Körperteile, offensichtlich von oben nach unten gehend, zugeordnet, was im Falle von

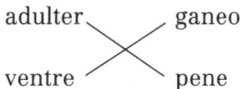

eine Überkreuzstellung, einen Chiasmus, mit sich bringt. Dem Fresser hilft ja wohl sein Bauch, das Geld unter die Leute zu bringen, während das passende Instrument für den Ehebrecher der Penis ist. So bleibt denn die Hand *(manus)* für den Un-züchtigen übrig, was vielen Sallust-Interpreten zu schaffen machte: Verflixt noch mal, was tut der Kerl mit seiner Hand? «Er würfelt», meinten manche, «er ist ein Spieler», und waren's zufrieden. Gut, Glücksspiel kann zum Laster werden, aber was ist daran schamlos, unzüchtig, pervers?

Wir kommen der Sache vielleicht auf den Grund, wenn wir berücksichtigen, daß *impudicus* häufig den Päderasten bezeichnet, der nach griechischem Vorbild hinter kleinen Jungen her ist und sie, ehe er anderes versucht, zuerst befingert. Jedenfalls spricht einiges dafür, daß die Hand in unserem Kontext für unzüchtige Berührungen steht, denn für den Fall, daß Sallust Spieler hätte attackieren wollen, wäre er um das treffende Wort *aleator* (zu *alea,* Würfel) nicht verlegen gewesen.

Etwas Merkwürdiges sei jedoch nicht verschwiegen: Cicero (in Cat. II 10, 23) nennt die *aleatores* in einem Atemzug mit den *adulteri, impuri impudicique.* Da dies in einer durch «erstens, zweitens, drittens» sauber gegliederten Übersicht über die Zusammensetzung von Catilinas Anhang geschieht, muß es einen logischen Grund dafür geben, daß die Spieler nicht etwa zusammen mit den Schuldenmachern, sondern bei den verschiedenen Typen sexueller Ausschweifung aufgeführt werden. Selbstverständlich hielt Cicero das Würfeln nicht für eine besonders wüste Sexpraktik, sondern sah eine übergeordnete Gemeinsamkeit zwischen Spieler und Wüstling, nämlich die unstillbare, verwerfliche Leidenschaft, das *pathos,* wie die Griechen sagten, das beide erfüllt. Mit dem davon abgeleiteten Fremdwort *pathicus* belegte man in Rom den, der – wie die Wörterbücher mit unterschiedlicher Deutlichkeit sagen – *muliebria patitur,* d. h. sich wie eine Frau gebrauchen bzw. «Unzucht mit sich treiben läßt». Dieses Wort wirft, neben anderen Unfreundlichkeiten, der bissige Catull (c. 57) Mamurra, einem Günstling Caesars, an den Kopf und schont auch den großen Gönner nicht:

> *Pulcre convenit improbis cinaedis / Mamurrae pathico-*
> *que Caesarique. / Nec mirum: Maculae pares utrisque,*
> */ urbana altera et illa Formiana, / impressae resident*
> *nec eluentur: / morbosi pariter gemelli utrique / uno in*
> *lectulo erudituli ambo, / non hic quam ille magis vorax*
> *adulter, / rivales socii et puellularum. / – Pulcre conve-*
> *nit improbis cinaedis!*

Prächtig harmonieren die üblen Schwulen, Mamurra, der warme Bruder, und sein Caesar. Na, kein
Wunder, denn gleiche Makel sind den beiden, dem in
Rom, in Formiae jenem, unauslöschlich eingeprägt.
Gleich abartig veranlagt sind sie beide, Zwillingsbrüder,
auf einer Pritsche eingewiesen, ebenso geil als Lustmolch der wie jener; Konkurrenten und Kameraden bei
den Nüttchen. Prächtig harmonieren die üblen Schwulen!

Das ist wieder ein recht direkter Text, wie ihn auch in unserer
sexenthemmten Zeit wohl kein Dichter von einigem Renom-
mee gegen einen unstreitig bedeutenden Staatsmann verfas-
sen dürfte, vor allem, wenn – wie im Falle Catulls – freund-
schaftliche Familienverbindungen bestehen.

Die über das Liebesleben unserer Spitzenpolitiker ver-
hängten Tabus werden nur höchst selten durchbrochen, und
selbst über schlimme Affären senkt sich bald wieder der
Mantel des Verschweigens.

In Rom war das ganz anders: Der Vorwurf sexueller Ver-
fehlung gab einer Schimpfkanonade erst die rechte Würze,
und niemand suchte lange nach verhüllenden Worten.

Daß jemand sein Vergnügen etwas außerhalb des Üblichen fand, vermerken die pompejanischen Wandkritzeleien kurz und grob:

*Martialis cunuligus (*CIL IV 1331) *Nympe felatrix* (ebd. 1389),

Centius cunnu lingit (ebd. 1425) *Sabina, felas* (ebd. 4185)

Hier geht's also um das, was wir, fast mit denselben Worten, aber – weil es lateinische sind – doch distanzierter Cunnilingus und Fellatio nennen. Eine Lesbe ist gemeint mit *Mola fututrix* (ebd. 2204), ein Homosexueller mit speziellen Neigungen heißt *magnus cinaedus et fellator* (ebd. 1825), ein geiler Kerl *salax* («sprungbereit», ebd. 5213) oder einfach *imanis mentula,* ungeheurer Schwanz (ebd. 7089). Der Vorwurf der Impotenz steckt wohl in *Phileros spado,* Phileros ist ein Kastrat (ebd. 1826).

Mit der Päderastie, der Knabenliebe, kam das zugehörige Vokabular aus der griechischen Welt nach Italien: *pygizare* und *pedicare* für den homosexuellen Verkehr; für den heterosexuellen Normalfall hatte man ein eigenes Wort, das sich nach Ausweis der Wandkritzeleien an Beliebtheit durchaus mit dem heute so verbreiteten *fuck* messen konnte, *futuere;* ein *fututor* wäre nun ein *fucker.* Das zugehörige Femininum ist uns schon begegnet: *Fututrix.* Wer dafür eine griechische Entsprechung sucht – schließlich ist Lesbos eine griechische Insel –, stößt auf *tribas,* zum Beispiel bei Martial (epigr. VII 70, 1), der in semitischer Manier von einer *tribas tribadum,* Tribade der Tribaden, spricht.

Auf so schmutzige Wörter, wie wir sie eben von pompejanischen Wänden gekratzt haben, stößt unsereiner vielleicht in einer Bahnhofstoilette; vor ihren lateinischen Entsprechungen scheute selbst ein hochgebildeter Dichter wie Catull nicht zurück:

Pedicabo ego vos et irrumabo, Aureli pathice et cinaede Furi! (c. 16)

Unten und oben werd' ich ihn euch 'reinstecken, schwuler Aurelius und Furius, du Poofy!

Der schon erwähnte Mamurra ist für ihn

non homo, sed vero mentula magna minax (c. 115)

kein Mensch, sondern vielmehr ein großer, bedrohlicher Schwanz,

ja, er benützt *mentula* geradezu als Spitznamen, wenn er sich über Mamurras Affären ereifert –

Mentula moechatur, moechatur mentula certe... (c. 94)

Schwanzl bumst sich durch; natürlich bumst so ein Schwanzl –

oder wenn er über seine Dichtversuche spottet:

Mentula conatur Pipleium scandere montem.
Musae furcillis praecipitem eiciunt. (c. 105)

Schwanzl probiert's, den Musenberg zu erklimmen;
Musen, mistgabelbewehrt, werfen ihn jählings hinab.

Mit diesem Zweizeiler ist Catull ein besonderer Wurf gelungen, weil der Inhalt so herrlich mit dem Rhythmus übereinstimmt. Im Hexameter der ersten Zeile, von dem Schiller im dritten Buch seiner Gedichte (Nr. 56) sagt, in ihm steige «des Springquells flüssige Säule», erleben wir Mamurra beim Klettern, und daß er sich plagen muß, das zeigen die vielen Längen im Vers:

co - na - tur Pi - ple - ium scan...

Auch die zweite Zeile, der Pentameter, beginnt mit lauter langen Silben, die das bedrohliche Anrücken der Musen malen:

Mu - sae fur - cil - lis...

Mistgabeln sind natürlich ungewohnte Geräte in den Händen von Göttinnen, doch wenn sich so ein Dreckstück wie Mamurra in ihre lichten Höhen vorwagt, müssen sie es eben wegräumen – und zwar blitzschnell: Es klingt wie holterdipolterdibums, wenn Herr Schwanzl, der verhinderte Dichter, Hals über Kopf *(praeceps)* den Berg hinunterkollert, und fast wie Schillers «Im Pentameter drauf fällt sie melodisch herab», vorausgesetzt, man achtet nur auf den Rhythmus.

Ähnlich wie in seinem Preislied auf die Hungerleiderei des Furius erweist sich auch in diesem Distichon Catull als ein Meister des Spotts, der das Florett ebenso zu führen wußte wie den schweren Säbel – je nach Lust und Laune.

Dem großen Caesar erklärt er einmal, daß er auf seine Wertschätzung wenig gebe, ja daß er ihm völlig gleichgültig sei (c. 93) – nichts weiter. Aber, genau genommen, ist das hart genug, denn womit kann man einen Menschen, der im Mittelpunkt stehen will, schmerzlicher treffen als dadurch, daß man ihn nicht zur Kenntnis nimmt?

Ein andermal wieder drischt Catull auf denselben Caesar wild ein und nennt ihn *cinaede Romule,* schwuler Romulus (c. 29), dazu *impudicus et vorax et aleo,* also Lüstling, Fresser, Glücksspieler, um ihm gleich darauf in triefender Ironie zu huldigen: *imperator unice* – unvergleichlicher General.

Salve, nec minimo puella naso, / nec bello pede nec nigris ocellis / nec longis digitis nec ore sicco (c. 43)

Sei mir gegrüßt, mein Mädchen mit der nicht grade kleinsten Nase, mit keinen hübschen Beinen, keinen schlanken Fingern, keiner trockenen Aussprache ...

So «huldigt» Catull der Freundin Mamurra-Mentulas, und das ist doch recht zahm, denn er könnte ja auch schreiben: Du da mit dem Riesenzinken im Gesicht, den platten Latschen, den wäßrigen Glubschaugen, den garstigen Wurstfingern und dem sabbernden Mundwerk! Aber keine Sorge, wenn er eine Frau so richtig mit dem Giftpfeil seiner Beschimpfungen treffen will, dann klingt das nicht anders als es an den Wänden Pompejis zu lesen war:

Bononiensis Rufa Rufulum fellat (c. 59).

Auch für das «Mädchen mit der nicht grade kleinsten Nase» hat er Stärkeres im Köcher:

Ameana puella defututa (c. 41)

Ameana, du ausgebumstes Ding ...

Gemessen an solchen Vokabeln wirkt das *flagitium hominis,* mit dem wir dieses Kapitel eröffneten, geradezu zahm – doch Vorsicht: Wer einen Menschen als *flagitium* oder, wie Fortunata es gegenüber Trimalchio tut, als *dedecus* bezeichnet, der spricht ihm damit sein Menschsein ab und macht ihn zum Inbegriff des Schändlichen, ähnlich wie Martial im folgenden Epigramm (XI 92):

Mentitur, qui te vitiosum, Zoile, dicit:
  non vitiosus homo es, Zoile, sed – vitium!

Lügen verbreitet, wer dich als lasterhaft, Zoilus, bezeichnet;

lasterhaft bist du nicht, sondern das Laster an sich.

«Aber die Frau des Menaechmus», kann man nun einwenden, «die nennt ihren vermeintlichen Mann doch *flagitium HOMINIS.* Das ist dann wohl etwas anderes als das nackte *dedecus.*»

Ein solcher Einwand ist gewiß berechtigt, doch muß ergänzend vermerkt werden, daß das Wort *homo* nicht immer und überall den Menschen als die Krone der Schöpfung bezeichnet, sondern ziemlich oft auch abschätzig gebraucht wird, etwa im Sinne von «Kerl». Ja, es kann einen trübsinnig stimmen, daß ein Mensch, der einen Menschen kränken will, ihn nur «Mensch» zu nennen braucht – und schon ist alles gesagt.

> *Redeo ... inhumanior,*
> *quia inter homines fui.*
> Als ein rechter Unmensch komme ich heim, weil ich unter Menschen war.

So beklagt sich Seneca in seinem berühmten Circusbrief (ep. 7, 3) und beschreibt dann, wie man am Vormittag Menschen den Löwen und Bären, in der Mittagspause aber, wo man sie sich gegenseitig abschlachten läßt, «damit nicht gar nichts passiert», den Zuschauern vorwirft.

Der Satz, daß der Mensch dem Mitmenschen ein Wolf sei, erlaubt noch eine Steigerung: *homo homini homo.*

So ist's kein Wunder, daß *homo,* meist in Verbindung mit einem herabsetzenden Beiwort, zu den gebräuchlichsten lateinischen Schimpfwörtern gehört – beispielsweise so:

homo amens· verrückter Kerl, Spinner (z. b. CICERO, PHIL. 3, 1, 2)

homo avarissimus: habgieriger Mensch, Giergauch [z. b. CICERO, IN VERREM 2, 4, 32)

homo audax: skrupelloser Bursche, Frechling (z. B. CICERO, PRO SESTIO 40, 86)

homo clitellarius: Packesel (eigentlich: «Kerl, der einen Packsattel trägt wie ein Maultier – und entsprechend dumm ist». (PLAUTUS, MOSTELLARIA 781)

67

homo crudelissimus: Sadist, Brutalo (z. b. SENECA, APOCOLO-
   CYNTOSIS 13, 6)
homo deductus ex ultimis gentibus: ein Mensch, den man
   vom Ende der Welt hergeschleppt hat, also etwa «Zulukaffer», «Kanake» (CICERO, PHIL. 13, 13, 27)
homo desperatus: Desperado (CICERO, CAT. 2, 5, 10)
homo effeminatus: weibischer Kerl, Weichling, Schwuler
   (z. b. CICERO, PRO MILONE 33, 89)
homo erraticus: Herumtreiber, Vagabund (GELLIUS, NOCTES
   ATTICAE IX 2, 6); der Typ, von dem Gellius berichtet, tritt
   als kynischer Philosoph auf, abgerissen, mit wirrem
   Haar und einem Bart bis unter den Nabel. Ihm geht der
   Ruf voraus, daß er Leute, die ihm nichts schenkten, gewöhnlich grob beschimpfte. «Alsdann», soll da der fein-
   sinnige Herodes Atticus gesagt haben, «geben wir ihm
   etwas – *tamquam homines, non tamquam homini,* als
   Menschen, nicht als einem Menschen.»
homo fallacissimus: Obergauner (CICERO, DE DOMO SUA 9,
   23)
homo fanaticus: Fanatiker (eigentlich der Anhänger eines
   orgiastischen Kults, z. B. der Großen Mutter, bei dem
   man sich in Ekstase versetzte und durchs Heiligtum –
   fanum – raste, wofür es auch ein spezielles Verbum gab:
   fanari).
Cicero nennt seinen Busenfeind Clodius *homo fanaticus,* und zwar in der Rede «De domo sua» 40, 105, wo er
   zugleich auf einen allbekannten Skandal anspielt: Clodius hatte sich während des Fests der Bona Dea, bei dem
   nur Frauen zugegen sein durften, in Caesars Haus ein-
   geschlichen, weil er es auf dessen Frau abgesehen hatte.
   Ein solcher Mensch, der
incesto flagitio et stupro caerimonias polluit
      durch schändliche Unzucht und Ehebruch die hei-
   lige Handlung entweihte,

68

der war gerade der rechte, um das Haus des verbannten Cicero einreißen zu lassen und dabei feierlich zu verfluchen!

homo flagitiosissimus: völlig perverses Subjekt (z. b. CICERO, IN VERREM 2, 2, 78)

homo improbissimus: Schuft (PLAUTUS, RUDENS 662)

homo inanis: einer, der nichts wert ist, eine «Null» (SALLUST, JUGURTHA 64, 5)

homo ineptus: alberner Kerl, Doofy (GELLIUS, NOCTES ATTICAE XII 2, 11)

homo insubidus: Langweiler (ebd.; beidemale ist von Seneca die Rede, den Gellius nicht leiden konnte. Wenn man dessen moralische Abhandlungen am Stück liest und dabei feststellt, wie oft er in dieselbe Kerbe haut, wird man für Gellius sogar etwas Verständnis aufbringen.)

homo muricidus: Einbrecher (Plautus, Epidicus 333, eigentlich «Mauer-Einreißer». Die oft recht liederlichen Mauern antiker Häuser, speziell die in der Regel ziemlich dünnen Trennwände zwischen aneinandergrenzenden Gebäuden boten bequeme Ein- und Durchstiegsmöglichkeiten.)

homo nebulo: Windbeutel, Aufschneider, Angeber (GELLIUS, NOCTES ATTICAE XVI 6, 12)

homo nequissimus: übler Charakter, Lump (z. b. CICERO, AD FAMILIARES XI 21, 1)

homo nihili: Nichtsnutz (PLAUTUS, TRUCULENTUS 598); ähnlich:

homo non nauci: einer, der keine Nußschale wert ist; «taube Nuß» (ENNIUS, FRG. INCERT. FAB. 17)

homo perditus: verkommene Existenz (z. b. CICERO, CAT. 1, 6, 13)

homo postremus: der letzte Mensch – d. h. einer von ganz unten (z. b. CICERO, PRO ROSCIO AMERINO 47, 137)

homo pusillus: Winzling, Mickerling, aber auch Knauser, kleinlicher Kerl (z. b. MARTIAL V 82, 4)

homo sceleratissimus: Schurke, Gangster, Verbrechertyp (z. b. cicero, pro a. cluentio 10, 30)

homo sordidissimus: schmutziger Charakter (ebd. 32, 87)

homo spissigradissimus: Trödler, Schleicher (eigentlich einer, der viele ganz kleine Schritte macht); diese Beschimpfung steht am Anfang einer ganzen Reihe gleichartiger Attacken im «Poenulus» des Plautus (505 ff.). Dort werden sie einem ungeduldigen Liebhaber in den Mund gelegt, heute könnte sich ein eiliger Autofahrer ähnlich vernehmen lassen: Schleicher, Fußkranker (*loripes:* eigentlich einer, der seine Beine umwickeln muß), Tranfunzel (*tardissimus:* arg langsam), müde Schnecke (*vicistis cochleam tarditudine:* ihr übertrefft an Langsamkeit noch eine Schnecke).

homo tenebrarius: Finsterling, Dunkelmann (Scriptores Historiae Augustae, Quadrigae tyrannorum 2, 2 über einen kurzlebigen Usurpator)

homo turpissimus: Widerling, fieser Typ (z. b. cicero, in pisonem 29, 72)

homo vafer: Schlaumeier, Pfiffikus (petron, satyricon 50, 5)

homo ventosissimus: Windbeutel, Luftikus (cicero, ad fam. xi 9, 1)

Lassen wir's damit genug sein und verzichten wir darauf, Allerweltsverbindungen mit *homo* nachzuweisen, z. B. *homo stultus,* dummer Mensch, Idiot, Depp oder *homo impurus,* Dreckskerl. Was wir zeigen wollten, ist wohl klargeworden: Mit *homo* läßt sich trefflich und variantenreich schimpfen.

Noch ist aber nicht ganz geklärt, was *flagitium hominis* genau bedeutet und wodurch sich dieser Ausdruck etwa von *homo flagitiosissimus* unterscheidet.

Bei scheinbar wörtlicher Übersetzung kommen «Schandbild von einem Menschen» und «schändlichster

Kerl» heraus; tatsächlich aber steckt in beiden Beschimpfungen etwas Superlativisches.

Offensichtlich nahmen die alten Römer den Mund gern etwas voll: während wir «schneeweiß» sagen, also vergleichen, war dasselbe Weiß für jene *nive candidius,* weißer als Schnee.

Honigsüßes war *melle dulcius,* süßer als Honig, Sonnenklares *sole clarius* und so weiter. Bei einem so ausgeprägten Hang zum Übersteigern reichte der einfache Superlativ nicht aus, um Herausragendes zu bezeichnen, ein Super-Superlativ wurde nötig, um noch eins draufzugeben, und seine Rolle übernahmen Wortpaare von der Art des *flagitium hominis.*

Ist ein Krieg fürchterlich, spricht man von einem *bellum atrocissimum;* will man aber das Grauen auf die Spitze treiben, dann heißt's *atrocitas belli.* In dem Abstraktrum *atrocitas,* Schrecklichkeit, bündelt sich das Entsetzen, der Krieg, der es verbreitet, muß sich mit der Rolle des Genitiv-Attributs begnügen.

Übertragen wir dieses Steigerungsmodell auf unser Beispiel, dann ist ein *flagitium hominis* also noch um einiges verworfener als ein besonders schändlicher Mensch.

Weitere Kraftausdrücke desselben Typs sind *probrum* (Gellius, Noctes Atticae IX 2, 9), eigentlich «Vorwurf», und *propudium,* womit zunächst die Tat bezeichnet wird, deren man sich schämen muß.

In der Plautuskomödie «Curculio» (190 ff.) schimpft der Sklave Palinurus ein Mädchen *propudium,* weil er meint, es habe ihn *odium,* «Haß», also Gegenstand allgemeiner Entrüstung genannt:

> *Quid ais, propudium? Tun etiam cum oculis noctuinis*
> *‹odium› me vocas? Ebriola persolla, nugae!*
> Was sagst du, Mistvieh? Du mit deinen Eulenaugen

nennst mich ‹Widerling›? Versumpftes Luder, lächerliches Stück!

Um einigermaßen den Ton der Stelle zu treffen, haben wir wieder ziemlich frei übersetzt; wollte man sich enger an den Text halten, müßte man *propudium* mit «Schandstück», *ebriola persolla* mit «angetrunkenes Frätzchen» (kleine Maske, Persönchen) und *nugae* mit «unbedeutendes Ding» wiedergeben – eine wirksame Schimpfkanonade wäre das dann freilich nicht mehr.

Als *nugae* bezeichnet übrigens Catull untertreibend seine Gedichte, als Kleinigkeiten, Spielereien, Schnickschnack, Geplauder. Nennt man einen Menschen so, dann gebraucht man das Wort genau wie *flagitium, dedecus, propudium, odium* und dergleichen in übertragener Bedeutung bzw., wissenschaftlich ausgedrückt, metonymisch als *abstractum pro concreto.*

Bedeutungsübertragungen dieser Art sind im Deutschen recht selten: Wir können beispielsweise eine liederliche weibliche Person (aber keinen Mann, wie z. B. Martial den Zoilus) als «Laster» bezeichnen und jemanden, der uns nervt, als Strapaze, doch im allgemeinen bevorzugen wir Metaphern, d. h. bildhafte Ausdrücke, die auf einem Vergleich beruhen: unfähige Menschen sind für uns Flaschen oder taube Nüsse – genau so hohl –, Tränen, Armleuchter, Knalltüten, Klosettfliegen und noch manches mehr, unsaubere erinnern an Schweine, sture an Böcke.

Manche dieser Metaphern finden wir im Lateinischen wieder, viele aber nicht, denn jede Sprache entwickelt eine ihr eigentümliche Bildwelt.

Demzufolge ist es keineswegs erstaunlich, daß Römer anders schimpften als wir Deutschen heute: sie lebten in einer anderen Zeit, und ihr Reden und Handeln entsprang nicht nur allgemein menschlichen, sozusagen zeitlosen Motivationen wie Liebe und Haß, sondern spiegelt auch ihr spezifisch römisches Selbstverständnis. Im Gegensatz zu den Griechen, die auf ihre vermeintliche intellektuelle Überlegenheit über die «Barbaren» stolz waren und zugleich in einer Mischung aus Neid und Bewunderung von den Skythen sagten, sie seien die «gerechtesten aller Sterblichen», glaubten die Römer, besonders hohen moralischen Maßstäben zu genügen bzw. genügt zu haben – nämlich ehe das eintrat, was sie als «Sittenverfall» empfanden.

Im Vorwort zu seinem monumentalen Geschichtswerk fordert Livius seine Leser dazu auf, bei der Beschäftigung mit Roms Frühzeit besonders darauf zu achten,

quae vita, qui mores fuerint, per quos viros quibusque artibus domi militiaeque et partum et auctum imperium sit.

Labente deinde paulatim disciplina velut desidentis primo mores sequatur animo, deinde ut magis magisque lapsi sint, tum ire coeperint praecipites, donec ad haec tempora, quibus nec vitia nostra nec remedia pati possumus, perventum est. (LIVIUS, A. U. C I, PRAEF. 9)

... wie man damals lebte, wie gut die Sitten waren, durch was für Männer und dank welcher Grundsätze für die Innen- und Außenpolitik die Herrschaft errungen und ausgebaut wurde.

Sodann sollte der Leser mitverfolgen, wie allmählich die alte Lebensweise abkam und die Moralvorstellungen sich zunächst lockerten, dann mehr und mehr verfielen und schließlich jäh zusammenbrachen, bis es mit uns dahin kam, daß uns unsere Verkommenheit gleich unerträglich ist wie die Maßnahmen, die sie beheben könnten.

73

Die Diagnose, die Livius hier seinem Rom, dem Rom des Kaisers Augustus, stellt, ist deprimierend: Unheilbar krank sei diese Gesellschaft, krank von ihren Lastern und bereits so geschwächt, daß die nötigen starken Heilmittel zum Tode führen müßten.

Fast unmerklich begonnen habe das Übel, dann rascher um sich gegriffen und sich am Ende mit rasender Geschwindigkeit in einem Staat ausgebreitet, von dem Livius sagt,

> *nulla umquam res publica nec maior nec sanctior nec bonis exemplis ditior fuit. (ebd. 11)*
> es habe nie einen bedeutenderen, moralisch makelloseren und an schönen Vorbildern reicheren gegeben.

Maiores, die Größeren, nannten die Römer ihre Vorfahren und brachten durch diese Bezeichnung zum Ausdruck, daß jene den späteren Generationen in jeder Hinsicht überlegen waren. Sie zeichneten sich noch durch all die Tugenden aus, an denen man den wahren Römer, den *vir vere Romanus,* erkennt: *Fortitudo, constantia, disciplina, modestia, fides, pietas, iustitia, aequitas, auctoritas* und so weiter, also Tapferkeit, Festigkeit, Selbstbeherrschung, Bescheidenheit, Zuverlässigkeit, Pflichtgefühl und ein Gespür für das, was recht und billig ist.

Daß diese Wertbegriffe auch heute noch zum lateinischen Grundwortschatz gehören, obwohl die Römer in modernen Lehrwerken nicht mehr als strahlende Tugendmuster vorgestellt werden, hat statistische Gründe: Die Wörter sind in den uns erhaltenen lateinischen Texten ungewöhnlich häufig, sie spielten im Denken eines Volkes, das sich und andere bevorzugt an moralischen Maßstäben maß, offensichtlich eine eminente Rolle.

Es ist daher auch keineswegs erstaunlich, daß bei den

Beschimpfungen der Vorwurf der Lasterhaftigkeit so oft begegnet: Schimpfende Römer lieben die Attitüde des Moralisten und stoßen den Beschimpften gern in den Sumpf der Verworfenheit. Er ist ein *dedecus,* eine Schande für die ganze Gesellschaft, er zieht den Haß – das *odium* – aller Anständigen auf sich, er verdient öffentliche Schelte oder gar die Prügelstrafe, das *flagitium.*

Betrachtet man die Adjektive, mit denen unmoralisches Verhalten gerügt wird, dann stößt man auf eine ganze Gruppe, die ein und demselben Bildungsprinzip folgt:

im-pius: pflichtvergessen, *im-probus:* unredlich, böse, *im-pudicus* und *im-pudens:* schamlos, *im-purus* und *im-puratus:* unrein, schmutzig, verkommen, *in-cestus:* unzüchtig, blutschänderisch, *in-dignus:* unwürdig, *in-famis:* ruchlos, *in-fidus* und *per-fidus:* treulos, *in-gratus:* undankbar, *in-honestus:* ehrlos, *in-iustus, in-iurius, in-iuriosus, in-iquus:* ungerecht.

Wie ein Teil ihrer deutschen Entsprechungen sind diese Wörter, die in zahlreichen Scheltreden vorkommen, im Grunde Verneinungen des Normalfalls: Von einem Menschen erwartet man Schamgefühl; hat er es nicht, ist er scham-los.

Lassen wir die verneinenden *im-* und *in-* weg, bekommen wir auf der Stelle einen neuen Tugendkatalog: ein Römer sei *pius* wie Stammvater Aeneas, das heißt, er kümmere sich um andere Menschen, speziell um seine Angehörigen, er zeige sich *probus,* also sittsam, rechtschaffen, brav, dazu zuverlässig *(fidus),* auf seinen guten Ruf *(fama)* bedacht, korrekt *(iustus)* und ehrbar *(honestus).*

Wenn wir genau hinsehen, findet sich in unseren Sammlungen noch nichts, was auf das Verhältnis des Römers zur Arbeit hinweisen könnte – war Fleiß für sie am Ende keine Tugend?

Die Frage ist knifflig, denn einerseits dürfen wir uns

sicher sein, daß das auf Brot und Spiele versessene römische Großstadtproletariat einen Redner niedergebrüllt hätte, der von «Recht auf Arbeit» hätte sprechen wollen.

Andererseits wurde der alte Cato, für viele Zeitgenossen und Spätere das Inbild eines echten Römers, wegen seiner vielfältigen Aktivitäten immer wieder gerühmt:

> *In omnibus rebus singulari fuit industria.* (CORNELIUS NEPOS, DE VIRIS ILLUSTRIBUS XXIV, CATO 3)
> In allen Dingen bewies er einzigartigen Fleiß.

Das Adjektiv *industrius* bedeutete ursprünglich «im Haus wirkend»; Gegenbegriffe sind u. a. das von *ars* (Kunst, Handwerk, Geschicklichkeit) abgeleitete *in-ers* (ungeschickt, träge, nichtsnutzig), *de-ses* (eigentlich: seitab sitzend, dann «träge, faul») und *piger* (verdrossen, träge, faul), dessen Verneinung den «Unverdrossenen», Fleißigen bezeichnet.

Entsprechend dem weiter oben Gesagten dürfen wir uns fragen, ob vielleicht *pigritia,* die Verdrossenheit und Arbeitsscheu, im alten Rom doch die Regel und Catos Rastlosigkeit eine bemerkenswerte Ausnahme war. Auch die alten Griechen rissen sich ja nicht darum, mit ihrer Hände Arbeit ihr Brot zu verdienen, und bezeichneten mit demselben Wort *ponerós* sowohl den Menschen, der sich plagte, wie das verworfene Subjekt.

Wir spüren, daß wir uns in einem sozialen System bewegen, in dem Arbeit gewiß nicht adelte, weil sie vielfach von Unfreien geleistet wurde – und die gingen ihr dann eben mit einer gewissen Verdrossenheit nach und suchten wohl auch nach Möglichkeiten, ihren Sklavenhaltern mit List und Tücke *(dolus)* zu schaden.

Se-dulus, wörtlich «ohne Arglist», ist nämlich ein weiteres Wort für eine vom Normalfall abweichende, überraschende Emsigkeit. Für den lustlosen Durchschnittssklaven

hätten also *piger* und *in-ers,* entsprechend unserem «Faulpelz» und «Flasche», prächtig gepaßt, waren aber – vielleicht weil diese Wörter einer höheren Sprachebene ange-
hörten – in diesem Bereich nicht üblich.

Statt dessen schimpfte man über den *nequam,* den
Nichtsnutz, der sich zum *nequissimus* steigern ließ, und über
den schlechten – *malus* – bzw. ganz schlechten Kerl, den *pessimus,* sofern man nicht spezifische Ausdrücke benützte, denen wir ein eigenes Kapitel gewidmet haben.

In Petrons satirischem Roman (49, 7) wird während
einer protzigen Party ein ganzes, gekochtes Schwein aufge-
tragen – doch der Koch hat es anscheinend nicht ausgenom-
men! Da meint einer der Gäste:

> *Plane hic debet servus esse nequissimus; oliquis obli-
> visceretur porcum exinterare?*
>
> Dieser Sklave muß doch ein völliger Versager sein;
> wie kann man nur vergessen, ein Schwein auszuneh-
> men!

Bald stellt sich allerdings heraus, daß der Koch alles andere
als ein Taugenichts ist: Kaum hat er vor den Augen der Gäste
ein paar Schnitte in den Bauch des Schweins getan, da quel-
len Blut- und Leberwürste hervor!

Die folgende Beschimpfung eines überraschend heim-
gekommenen Ehemanns als Faulpelz und Tagedieb ent-
stammt einem der zahlreichen novellistischen Einsprengsel
im Eselsroman des Apuleius (IX 5, 4 ff.) und ist insofern pi-
kant, als die Frau, die jenen gleich beim Eintreten mit einem
Schwall böser Worte empfängt, selbst viel gröbere Schelte
verdient hätte: Eben lag sie noch mit einem anderen im Bett,
den sie geistesgegenwärtig in einem großen Faß verschwin-
den ließ.

Sicine vacuus et otiosus insinuatis manibus ambulabis mihi nec obito consueto labore vitae nostrae prospicies et aliquid cibatui parabis? At ego misera pernox et perdia lanificio nervos meos contorqueo, ut intra cellulam nostram saltem lucerna luceat. Quanto me felicior Daphne vicina, quae mero et prandio saucia cum suis adulteris volutatur!

So bist du: ein Faulpelz und Tagedieb! Steckst die Hände in die Taschen, treibst dich 'rum, gehst nicht wie ein normaler Mensch zur Arbeit, sorgst nicht für unseren Unterhalt und bringst nichts Eßbares mit! Aber ich armes Ding renke mir Tag und Nacht beim Spinnen die Finger aus, damit in unserem Schuppen wenigstens eine Lampe brennt. Wieviel besser dran als ich ist da die Daphne, unsere Nachbarin, die, vom schweren Wein und Frühstück noch ganz dösig, mit ihren Liebhabern 'rumrollt!

Der solcherart heruntergeputzte Ehemann meint, er habe die grobe Begrüßung nicht verdient. Zwar sei er von seinem Chef eher heimgeschickt worden, aber dafür habe er für das alte Faß, das sowieso nur störe, einen Interessenten gefunden, der es für fünf Denare kaufen wolle.

«Großartig!» höhnt die Frau; «so ein toller Geschäftsmann bist du! Aber ich hab's für sieben Denare losgeschlagen, obwohl ich praktisch nie aus dem Haus komme!»

«Wo ist der Mann?» erkundigt sich der Ausgelachte, und sie sagt:

Olim, inepte, descendit in dolium sedulo soliditatem eius probaturus.

«Der ist schon längst ins Faß gestiegen, du Depp, um gründlich nachzuschauen, ob's noch dicht ist.»

78

Was weiter geschieht, kann man bei Apuleius oder auch bei Boccaccio, der die Geschichte nahezu wörtlich übernommen hat, nachlesen – uns geht es ja in erster Linie um's Schimpfen und nur nebenbei um gehörnte Ehemänner.

Den Deppen – *ineptus* – wollen wir uns aber merken, dazu, wenn es auch kein eigentliches Schimpfwort ist, was der angebliche Interessent zum Mann seiner Freundin sagt: *homuncio* – das ist exakt unser umgangssprachliches «Mensch», wie z. B. in «Mensch, paß doch auf!» Der andere ist höflicher und nennt den vermeintlichen Kunden *frater:* Bruder. Für Apuleius ist der gewitzte Bursche ein *bellissimus pusio,* ein sauberes Früchtchen.

Ob ein solches auch in dem folgenden Bruchstück aus einer verlorenen Komödie des altrömischen Dichters Naevius gemeint ist, läßt sich nicht mehr entscheiden:

Pessimorum pessime, audax, ganeo, lustro, aleo!
(NAEVIUS, INC. FAB. II)
  Du Schlimmster aller Schlimmen, frecher Kerl, Vielfraß. Sumpfhuhn, Würfelspieler!

Die groben Worte könnte zum Beispiel ein empörter Vater seinem Sohn an den Kopf geworfen haben, der, statt brav zu Hause seiner Gerstenbrei zu löffeln, ein Lotterleben führte.

Graecari, «griecheln», nannten die strengen Alten voll Verachtung den neuen *way of life,* der die Jungen so magisch anzog, seit ihn die rauhen Krieger Roms während des langen Stellungskriegs gegen Hannibal in den Griechenstädten Süditaliens kennengelernt hatten. Da hatten sie sich griechische Kraftausdrücke wie *bombax* oder *babae* angewöhnt, das Symposion als zünftiges Saufgelage imitiert und vor allem ihre Eßgewohnheiten geändert.

Nun genügte ihnen der ewige Brei nicht mehr, sie wollten «Zukost», *obsonium,* also Fische, Obst und andere gute Sachen.

Obsonium ist eine der ganz alten Entlehnungen aus dem Griechischen; man findet es schon bei Roms zweitem Dichter Naevius, und in den Komödien des Plautus grassiert es geradezu, zusammen mit einer Reihe von Ableitungen wie *obsonari,* Delikatessen besorgen, *obsonator, obsonatus* und *obsonatio.*

> *Cives Romani tunc facti sunt Campani,*
>> Römische Bürger sind damals zu Kampaniern geworden,

klagt Ennius (frg. 59), der große Nachfolger des Naevius als nationalrömischer Epiker.

Die Spannungen zwischen alter Schlichtheit und um sich greifender Genußsucht entluden sich in starken Schimpfworten von bemerkenswerter Klangfülle:

> CH: *At ego, si me metui', mores cave in te esse istos sentiam:*
> CL: *Quos?*
> CH: *Si scire vis, ego dicam: Gerro, iners, fraus, helluo, ganeo 's damnosus!*
> CH: Doch wenn du noch Respekt vor mir hast, dann laß mich ja nie mehr merken, daß du dich so benimmst.
> CL: Wie denn?
> CH: Ich werd's dir sagen, wenn du's wissen willst: Du bist ein Hampelmann, ein Taugenichts, ein Lügner, ein Verschwender, ein Kneipenhocker, der mich ruiniert!

Der junge Clitopho, auf den sein Vater Chremes im «Heautontimorumenos» des Terenz (1033 ff.) so einschimpft, ist noch besserungsfähig und gesteht zerknirscht:

Eheu, quam nunc totu' displiceo mihi! Quam pudet!
(EBD. 1043)
    Ach, wie bin ich mir jetzt ganz zuwider, wie schäm'
ich mich!

Bei anderen mögen Worte allein nichts mehr geholfen
haben, so daß die Väter zu drastischeren Maßnahmen grif-
fen wie zum Beispiel der des späteren Siegers über Hannibal,
des Scipio Africanus.

Als ihm hinterbracht wurde, daß sein Sohn sich mit
einem Mädchen eingelassen habe, überraschte er ihn in
ziemlich eindeutiger Situation und zerrte ihn, der nur mit
einem kurzen Hemdchen bekleidet war, zur größeren
Schande über das Forum nach Hause.

Was er dabei alles zu ihm sagte, ist nicht überliefert,
doch *nequam* (Nichtsnutz), *impudens homo* (schamloser
Bursche), *cunnio* (Schürzenjäger), *amator* (Weiberheld)
nebst den eben vorgeführten weiteren Substantiven auf -o
gerro, helluo, ganeo, lustro hätten gut gepaßt.

Ein *gerro* ist, wer dumme Streiche *(gerrae)* macht, mit
helluo erfaßt man zugleich den Gourmand, den Lebemann
und den Verschwender, und der *ganeo* treibt sich bekanntlich in *ganeae* herum, üblen Kneipen, die oft Bordellen ange-
schlossen waren. An solchen Orten trifft man auch den *lustro,* der sich auf *lustrum,* der Morast, der Sumpf, das Bordell, zurückführen läßt. Kein Wunder also, wenn er dort
«versumpft».

Für die möglichen sexuellen Verirrungen eines solchen
Subjekts haben wir schon reichlich böse Worte zusammen-
getragen, ohne freilich das entsprechende Repertoire des Lateinischen voll auszuschöpfen. Manches klingt, wenn man
von Schulbuchbedeutungen ausgeht, recht harmlos, zum
Beispiel der Satz des Sallust

...ibi primum insuevit exercitus populi Romani amare, potare... (CATILINA II, 6)
... dort gewöhnte sich das Heer des römischen Volkes erstmals daran, zu lieben und zu trinken

– aber natürlich meint *amare* hier den Kontakt mit Freudenmädchen, die man beschönigend *amica,* Freundin, oder, wie es Trimalchio gegenüber seiner Fortunata tat, abwertend *amasiuncula* nennen konnte. Ein *amator* ist demzufolge nicht nur ein Liebhaber, sondern ein Casanova, ein Don Juan und dergleichen; man könnte ihn, wiederum mit einer griechischen Entlehnung, auch *moechus* nennen. Das zugehörige Verbum *moechari* fanden wir bei Mentula: *Mentula moechatur...;* auch *moechissare* ließe sich nennen – das haben die beiden «alten Böcke» in der «Casina» des Plautus mit der Heldin des Stücks, einer hübschen Sklavin, vor.

Auf Caesars sexuelle Eskapaden weist der folgende Spottvers hin:

Oppidani, servate uxores! Moechum calvum adduximus.
Aurum in Gallia effutuisti, hic sumpsisti mutuum!

Ihr Leute in der Stadt, sperrt eure Frauen ein! Wir bringen einen alten Charmeur mit Glatze 'rein.

Gold, was in Gallien du verlumpt, hast du dir hier gepumpt!

Das sollen nach dem Bericht des Caesarenbiographen Sueton (Divus Iulius 51) die Soldaten während des Triumphs gesungen haben, den Caesar nach der Eroberung Galliens und dem Ende des Bürgerkriegs mit großem Gepränge feierte – dieselben Soldaten, die mit ihm jahrelang durch dick und dünn gegangen waren.

Zeigten sie erst jetzt, was sie wirklich von ihm hielten?

82

Keineswegs, sie folgten nur einem alten Brauch, und ihr Spott über den *moechus* erfüllte einen guten Zweck: Der Triumphator im Prachtgewand des Jupiter stand an diesem Tag so hoch über den Menschen, daß ihm, schon um nicht den Neid der Götter auf ihn zu ziehen, sein Menschsein derb bewußt gemacht werden mußte.

Dazu gehörte auch ein homosexuelles Verhältnis mit Nikomedes von Bithynien – nach Sueton Caesars einziger Ausrutscher in dieser Richtung, der ihm aber immer wieder vorgeworfen worden sei, auch während des Triumphs (Sueton, Divus Iulius 49, 4)

Gallias Caesar subegit,
Nicomedes Caesarem:
Ecce Caesar nunc triumphat,
qui subegit Gallias;
Nicomedes non triumphat,
qui subegit Caesarem.
      Gallien hat er unterworfen,
Nikomedes aber ihn:
Seht nur, Caesar triumphiert jetzt,
der die Gallier unterwarf;
Nikomedes triumphiert nicht,
der doch Caesar unterwarf.

Vulgärer als *moechus* ist *cunnio,* hergeleitet von der Bezeichnung für das weibliche Genital, *cunnus,* das in der Waidmannssprache bei einer Ricke «Schürze» heißt.

Unsere Wiedergabe ist also zwar zurückhaltend, aber nicht ungenau.

Damit haben wir uns aber lange genug in Sex-Sümpfen gesuhlt und widmen uns nun der anderen Ausschweifung, der sich römische Soldaten nach Sallusts Bericht in Kleinasien ergeben haben sollen, *potare,* dem Suff.

Ebriose, Trunkenbold, *vinose,* Weinschlauch, *gulo,* Gurgel oder, etwas schnoddrig, Schluckspecht — dergleichen kann man auf Spielmarken *(tesserae)* lesen, deren andere Seite jeweils eine Ziffer trägt. Der zweifelhafte Spaß bei diesem Spiel dürfte darin bestanden haben, daß man eine bestimmte Zahl würfelte, dann die entsprechende *tessera* umdrehte und lesen konnte, was man angeblich war.

Der zeitweilige Verbündete und spätere Gegner des Octavianus-Augustus, Marcus Antonius, war wohl tatsächlich ein starker Trinker; für Cicero (Philippica II 32, 81) lebte er im Dauerrausch und war bereits verblödet:

> *Nec enim est ab homine numquam sobrio postulanda prudentia.*
> Von einem Kerl, der niemals nüchtern ist, darf man keinen Durchblick verlangen.

In der dritten Philippischen Rede (5, 12) steht der Vorwurf der Trunksucht am Ende einer ganzen Reihe schlimmer Beschimpfungen, sozusagen als Höhepunkt:

> *Quum autem est omnis servitus misera, tum vero intolerabile est servire impuro, impudico, effeminato, numquam ne in metu quidem sobrio!*
> Jede Sklaverei ist ein Unglück, doch ganz unerträglich ist die Vorstellung, Sklave zu sein bei einem verkommenen, schamlosen, perversen Subjekt, das nicht einmal die Angst ernüchtert!

Wenig später färbt Cicero eine für das Schicksal des großen Caesar entscheidende Szene in passender Weise ein: Wie war das, als Marcus Antonius am Luperkalienfest des Jahres 44 v. Chr. dem Consul und Diktator auf Lebenszeit die Königskrone anbot?

Quo enim die, populo Romano inspectante, nudus, unctus, ebrius est contionatus et id egit, ut collegae diadema imponeret... (PHIL. V 5, 12)

An dem Tag trat er vor den Augen des römischen Volks halbnackt, parfümiert und betrunken auf und legte es darauf an, seinem Amtskollegen das Diadem aufzusetzen...

Was sicherlich eine wohlüberlegte Inszenierung war, wird durch Ciceros Darstellung zur Schnapsidee eines hemmungslosen Säufers, der direkt vom Gelage in die Volksversammlung geschwankt kommt und von dem man nahezu alles gewärtigen muß:

Quidlibet, modo ne nauseet, faciat, quod in porticu Minucia fecit. (PHIL. II 34, 84)

Er mag machen was er will, wenn er sich nur nicht übergibt, wie er's in der Minucischen Halle tat!

Der peinliche Vorfall, der hier nur kurz gestreift wird, diente Cicero bereits einmal als abstoßendes Exempel für die Hemmungslosigkeit seines Gegners:

Loquamur... de nequissimo genere levitatis! Tu istis faucibus, istis lateribus, ista gladiatoria totius corporis firmitate tantum vini in Hippiae nuptiis exhauseras, ut tibi necesse esset in populi Romani conspectu vomere postridie!

O rem non modo visu foedam, sed etiam auditu! Si inter cenam in ipsis tuis immanibus illis poculis hoc tibi accidisset, quis non turpe duceret? In coetu vero populi Romani negotium publicum gerens, magister equitum, cui ructare turpe esset, is vomens frustis esculentis vinum redolentibus gremium suum et totum tribunal implevit! (PHIL. II 35, 63)

Sprechen wir von der abstoßendsten Form deiner Haltlosigkeit! Du, mit dieser deiner Gurgel, diesem Brustkorb, dieser boxermäßigen Robustheit deines ganzen Körpers, du hattest bei der Hochzeit des Hippias so viel Wein geschluckt, daß du nicht anders konntest als unter den Augen des römischen Volkes zu speien – und zwar am Tag danach! Was für ein Vorfall, vor dem es einen nicht nur beim Zuschauen ekelt, sondern sogar, wenn man nur davon hört!

Wenn dir während des Gelages, als du dich eben mit diesen deinen ungeheuren Humpen befaßtest, dergleichen passiert wäre, wer hätte es nicht empörend gefunden? Nun aber hat er in der römischen Volksversammlung, während er seines Amtes waltete als Reiteroberst, für den es schon eine Schande wäre, zu rülpsen, gespieen und mit Brocken seines Essens, die nach Wein stanken, seine Kleidung und den ganzen Amtssessel beschmutzt!

Diese abstoßend anschauliche Beschreibung erinnert an jene Stelle in Homers Odyssee (IX 374), wo dem Maul des betrunkenen Riesen Polyphem Wein und Menschenfleisch entquellen, und vielleicht ist die Ähnlichkeit nicht zufällig. Cicero legt es ja darauf an, durch eine Fülle härtester Vorwürfe aus Marcus Antonius, der insgesamt nicht übel aussah – Kleopatra fand jedenfalls Gefallen an ihm –, ein abstoßendes Monster zu machen, an dem nichts, aber auch gar nichts Positives zu erkennen ist.

Zu diesem Zweck wird eine Skandalchronik aufgerollt, die in früher Jugend des Angegriffenen beginnt, mit seinem Bankrott, kaum daß er die Männertoga angelegt habe. Das sei Schuld seines Vaters gewesen, verteidigt sich angeblich Mark Anton, und Cicero höhnt: Sehr pietätvoll! Auf jeden Fall sei er ein *decoctor,* ein «Einkocher». So nannte man in Rom die Leute, deren Geld dahingeschwunden war wie Wasser in einem heißen Topf. Dann werden erste sexuelle Verfehlungen ans Licht gezogen: ein *vulgare scortum* sei Marcus Antonius gewesen, eine Nutte für jedermann, zum Festpreis, aber nicht billig (*certa flagitii merces, nec ea parva: Phil.* II 18, 44), bis er an den jungen Curio geriet und ihm hörig wurde:

Quotiens te pater eius domu sua eiecit! Quotiens custodes posuit, ne limen intrares, quum tu tamen nocte socia, hortante libidine, cogente mercede per tegulas demitterere! (EBD. 18, 45)

Wie oft hat dich sein Vater aus dem Haus geworfen! Wie oft hat er Wachen aufgestellt, daß du ihm nicht über die Schwelle kämest, während du trotzdem im Schutz der Nacht, weil deine Lüsternheit dich trieb und der Lohn dich lockte, durch die Dachziegel geschlüpft bist!

Den Übergang von solchen Affären zur hohen Politik schafft Cicero mit subtiler Bosheit:

Sed iam stupra et flagitia omittamus! Sunt quaedam, quae honeste non possum dicere. (EBD. 19,47)

Doch reden wir nicht mehr von deinen sexuellen Verirrungen! Es gibt ja da einiges, was ich unter anständigen Leuten nicht sagen kann.

Nun sind der Phantasie der Hörer keine Grenzen gesetzt, sie können sich alles mögliche ausdenken, was dieser *homo turpissimus* (ebd. 41, 105), dieser *detestabilis homo* (ebd. 43, 110), dieser *homo profligatus ac perditus* (Phil. III 1, 1) mit sich geschehen ließ oder tat.

Turpis bezeichnet, ähnlich wie *taeter* (widerlich, ekelerregend) und *foedus* (häßlich, abscheulich), zunächst alles, was garstig aussieht – wir erinnern uns an den Enniusvers

Simia, quam similis, turpissima bestia, nobis!
Affe, wie gleichst du, scheußliches Vieh, doch uns
Menschen –

und können in diesem Zusammenhang vermerken, daß *foedus* und das griechische Wort für Affe, *pithekos,* stammverwandt sind.

Daß mit all diesen Adjektiven auch das moralisch Verwerfliche und der verworfene Mensch selbst belegt werden können, entspringt der Vorstellung, daß einer, der innerlich nichts taugt, auch kein schönes Äußeres haben kann. Daher stellt man Judas Ischariot, den Verräter, rothaarig dar, daher hat Rigoletto, der herzlose Spötter über betrogene Ehemänner, einen Buckel.

Homers Helden entsprechen allesamt dem griechischen Ideal der *kalokagathia,* sie sehen großartig aus, sind tapfer, edel und stolz; nur Thersites, der Stänker, der gegen die Fürsten mit schriller Stimme losbelfert, bis ihn Odysseus mit dem Stock züchtigt, nur dieser Thersites ist ein Ausbund an Häßlichkeit: krummbeinig und hinkend, bucklig, verwachsen, zwiebelköpfig und fast kahl, kurz, *aischistos* (Ilias II 216), was exakt dem lateinischen *turpissimus* entspricht.

Ärgerlicherweise war Marcus Antonius ein stattlicher Mann, weder klumpfüßig noch glatzköpfig. Daher versucht ihn Cicero vom Verhalten her als reines Ekel zu charakterisieren und streicht seine angebliche moralische Verworfenheit heraus: Jeder anständige Mensch muß ihn verfluchen *(detestari),* ihn abscheulich *(detestabilis)* finden, denn er ist völlig verkommen, *perditus,* und vom Schicksal schwer geschlagen, *afflictus* – heute könnte man ihn salopp als total kaputten Typ beschreiben und läge damit gar nicht schief, denn die Verben *perdere* und *affligere* erfassen in ziemlicher Breite den psychischen, physischen, materiellen und moralischen Ruin; der *perditus* befindet sich in einer aussichtslosen Lage, in die er sich, von Stufe zu Stufe sinkend, selbst gebracht hat.

Nuper divitiae avaritiam et abundantes voluptates desiderium per luxum atque libidinem pereundi perdendique omnia invexere.
Erst vor kurzem kam mit dem Reichtum die Habgier und mit dem Überangebot an Vergnügungen der Drang, sich durch Verschwendung und Ausschweifung zu ruinieren und alles mit in den Ruin zu reißen.

So beschreibt Livius im Vorwort zu seinem Geschichtswerk (a. u. c. praef. 12) Ursachen und Folgen des von ihm beklagten Sittenverfalls, der aus biederen Altrömern *homines perditi,* kaputte Figuren, machte. Die stellen zum Beispiel den Anhang des Politrockers Catilina:

Nanctus es ex perditis atque ab omni non modo fortuna, verum etiam spe derelictis conflatam improborum manum. (CIC., CAT. I 10, 25)
Du hast eine Bande aufgetrieben, zusammengewürfelt aus verkrachten und verkommenen Existenzen, die überhaupt keine Chance, ja keine Hoffnung mehr haben!

Diesen verlorenen Haufen beschimpfte Cicero in der zweiten Rede gegen seinen Intimfeind Catilina (5, 10) als

desperatorum hominum flagitiosi greges
lasterhafte Horden von Desperados

und freute sich auf den Tag, an dem sie mit ihrem Boß aus Rom abziehen würden.
Der Tag kam, und Cicero konnte sich einige Zeit in dem

89

Ruhm sonnen, eine Bedrohung des Staats abgewendet zu haben – bis der Wind sich drehte und er wegen seines allzu energischen Einschreitens gegen verhaftete Catilinarier in die Verbannung gehen mußte.

Für seine Philippischen Reden zahlte er einen höheren Preis: Er wurde geächtet, mußte fliehen und fiel einem Killerkommando in die Hände, das Marcus Antonius losgeschickt hatte. Während er sich aus seiner Sänfte beugte, schlug man ihm den Kopf ab, und das reichte den brutalen Burschen noch nicht: Auch die Hände wurden dem Redner abgehauen, weil sie ihm ja die Feder geführt hatten! Dann stellte man Haupt und Hände an dem Ort aus, an dem Cicero so oft als Konsul, als Sprecher des Senats, als unversöhnlicher Feind Mark Antons seine Stimme erhoben hatte: Auf der Rednerbühne in Rom.

So rächte sich der *homo turpissimus* für eine Unzahl verbaler Tiefschläge, von denen der eine oder andere in der Hitze des politischen Kampfes noch härter ausgefallen sein mag als in den für die Veröffentlichung redigierten Philippischen Reden, deren giftigste, die zweite, aus der wir besonders ausführlich zitiert haben, nach Ciceros Willen erst nach dem Sieg über Marcus Antonius herausgegeben werden sollte.

VII. Gladiator! *Bandit!*

Catilinas Bande von Desperados, so wie Cicero und Sallust sie beschreiben, das war nicht nur eine reichhaltige Sammlung von *flagitia* jeder Art, sondern bot auch *facinora*, Kriminelle, in allen Schatierungen:

> *Quid enim mali aut sceleris fingi aut cogitari potest, quod ille non conceperit?*
>
> *Quis tota Italia veneficus, quis gladiator, quis latro, quis sicarius, quis parricida, quis testamentorum subiector, quis ganeo, quis nepos, quis adulter, quae mulier infamis, quis corruptor iuventutis, quis corruptus, quis perditus inveniri potest, qui se cum Catilina non familiarissime vixisse fateatur?*
>
> *Quae caedes per hosce annos sine illo facta est?*
> (CIC., IN CAT. II 4, 7)

Was kann man sich überhaupt für eine Schandtat oder Schurkerei vorstellen oder ausdenken, die *er* nicht begangen hätte?

Welcher Giftmischer, welcher Bandit, welcher Straßenräuber, welcher Killer, welcher Vatermörder, welcher Testamentsfälscher, welcher Fresser, welcher Wüstling, welcher Ehebrecher, welches verrufene Weibsstück, welcher Jugendverderber, welcher verkommene Kerl, welcher kaputte Typ läßt sich in ganz Italien finden, der nicht offen zugäbe, zu Catilinas engstem Freundeskreis gehört zu haben?

Welcher Mord ist in den letzten Jahren verübt worden, ohne daß *er* seine Hände im Spiel gehabt hätte?

Wenn wir die einzelnen Figuren dieses Verbrecheralbums Revue passieren lassen, werden wir feststellen, daß sie fast alle auch für kräftige Beschimpfung gut sind, voran der *veneficus,* der Giftmischer, sein weibliches Gegenstück, die *venefica,* und, für besonders krasse Fälle, die *trivenefica,* die man, etwas fülliger, mit «dreimal vermaledeite Giftmischerin» übersetzen könnte.

Diese verbale Bombe kann, wie ein Blick in die «Aulularia» des Plautus zeigt (86), auch ohne Nachweis der Giftmordabsicht jedem an den Kopf geworfen werden, der einen stört – so hält es jedenfalls der alte, mißtrauische Euclio mit seiner Sklavin Staphyla, von der er befürchtet, sie spioniere ihm nach.

Andererseits ist zu bemerken, daß angesichts des weitgehenden Fehlens von Methoden, mit denen sich eine Vergiftung hätte feststellen lassen, das Giftmischergeschäft im alten Rom blühte. Vor allem Frauen übten es aus, und manche davon erlangten eine gewisse Berühmtheit, zum Beispiel Lucusta, eine Künstlerin auf diesem Gebiet *(artifex talium),* wie Tacitus (Annalen XII 66) sie nennt. Man hatte sie unter der Regierung des Kaisers Claudius verhaftet, aber anscheinend weniger, um ihr das Handwerk zu legen als um sie für die Zwecke der Regierung einzusetzen – und als Agrippina meinte, der gute alte Clau-Clau-Claudius habe lange genug gelebt, da lieferte Lucusta das Mittel, mit dem man einen besonders appetitlich aussehenden Pilz präparierte – den letzten, den der Kaiser verzehrte. Auch den Sohn des Claudius mußte die Giftkünstlerin aus dem Wege räumen, bekam dafür eine hohe Belohnung und wurde schließlich freigelassen.

Die Epigramme des Martial greifen oft den Vorwurf der Giftmischerei auf, und mit einer gewissen Neugier kommentiert er die Heirat von zwei Fachleuten in diesem Metier:

Funera post septem nupsit tibi Galla virorum,
Picentine. Sequi vult, puto, Galla viros. (IX 78)
Sieben Männer hat sie ins Grab gebracht, nun heiratet Galla dich, Picentinus; ich glaub', sie will ihren Männern folgen, die Galla.

Als Kuriosität sei noch mitgeteilt, daß sich in dem Wort *venenum,* Gift, wahrscheinlich die Liebesgöttin Venus verbirgt. Die *venefica* wäre demnach die «Liebe-Macherin», deren geheimnisvolle Mixturen unnahbare junge Männer und spröde Mädchen erobern helfen sollten.

Was die antiken Hexen als «Liebestränke» zusammenbrauten, unterschied sich im übrigen nach Zusammensetzung und Wirkung vielfach nicht wesentlich von dem, womit man Erbfälle herbeiführte. Jedenfalls wurde gemunkelt, der Wahnsinn Kaiser Caligulas sei durch einen solchen Trank ausgelöst worden, und auch der Dichter Lukrez wird als Opfer mißlungenen Liebeszaubers genannt.

Unentbehrliche Ingredienzen dafür zählt Horaz in seiner 5. Epode auf, in der er das nächtliche Treiben von drei wüsten *veneficae* beschreibt:

In Krötenblut getauchte Uhueier, Kräuter aus dem giftreichen Thessalien oder Iberien, Mark und Leber eines Kindes, das, bis zum Hals eingegraben, im Anblick unerreichbarer Speisen langsam verschmachten muß . . .

Assoziiert man dies alles mit der *trivenefica,* dann wird man das Wort wohl auch mit «dreimal verfluchte alte Hexe» wiedergeben dürfen.

Auch beim *gladiator* fällt es nicht leicht, eine deutsche Entsprechung zu finden; «Bandit» oder «Gangster» sind Behelfslösungen, die bei weitem nicht alles abdecken, was in diesem Wort steckt. Gladiatoren, das waren meist Sklaven, Kriegsgefangene und zu diesem Gewerbe «begnadigte» Schwerverbrecher, die in einer unglaublich harten Ausbildung darauf vorbereitet wurden, andere, ebenso gedrillte Schlächter abzuschlachten oder sich von ihnen mit einiger Haltung abschlachten zu lassen.

Ursprünglich waren Gladiatorenkämpfe ein Bestandteil großartiger Leichenfeiern, sozusagen Ersatz für urtümliche Menschenopfer am Grab, später wurden sie zur Hauptunterhaltung der Massen, die sich in die Arenen des Imperiums drängten.

Erfolgreiche Gladiatoren waren umjubelte Stars, man schrieb ihre Namen und die Zahl der errungenen Siege – die meist der ihrer erschlagenen Gegner entsprach – an die Wände, und selbst Damen aus den feinsten Kreisen konnten sich nicht der merkwürdigen Faszination entziehen, die von diesen Außenseitern der Gesellschaft, halb Henkern und halb Helden, ausging.

In seiner sechsten Satire rätselt Juvenal, was wohl die Frau eines Senators veranlaßt haben mochte, sich an einen Gladiator zu hängen, ihren Mann und ihre kleinen Kinder zu verlassen und ihrem «süßen Sergius» nach Ägypten zu folgen, wo dessen Truppe einen Auftritt hatte:

Qua tamen exarsit forma, qua capta iuventa / Eppia?
Quid vidit, propter quod ‹ludia› dici / sustinuit? Nam
Sergiolus iam radere guttur / coeperat et secto requiem
sperare lacerto. / Praeterea multa in facie deformia,
sicut / attritus galea mediis in naribus ingens / gibbus et
acre malum semper stillantis ocelli.

Sed gladiator erat. Facit hoc illos Hyacinthos, / hoc
pueris patriaeque, hoc praetulit illa sorori / atque viro.
Ferrum est, quod amant! (VI 103 FF.)

Für welche Schönheit erglühte Eppia, welchem Jugendreiz ist sie erlegen? Was stach ihr in die Augen, daß sie sich «Gladiatorenliebchen» schimpfen ließ? Ihr «kleiner Sergius» mußte sich ja schon den Hals rasieren und hätte gern seinem zerhackten Arm Ruhe gegönnt. Außerdem war sein Gesicht arg entstellt, zum Beispiel durch einen riesigen Buckel mitten auf der Nase – vom ständigen Druck des Helms – und durch das ewige Triefen der Augen.

Aber er war Gladiator; das macht so einen Menschen zum Adonis, das zog Eppia ihren Kindern und ihrer Heimat, das ihrer Schwester und ihrem Mann vor. Es ist das Schwert, was sie lieben!

Als Dreingabe zu unserer Sammlung liefert uns diese Studie ein spezielles Schimpfwort für eine Frau wie Eppia, abgeleitet von *ludus,* das unter anderem «Spiel, Schule, Gladiatorenkaserne und -truppe» bedeuten kann, eben die *ludia,* und wieder sehen wir die Unmöglichkeit, im Deutschen mit so wenig Buchstaben so viel auszusagen.

Mit *latro,* dem Räuber, tun wir uns scheinbar leichter – aber nur, wenn wir die Bedeutungsbreite dieses griechischen Lehnworts einengen, das zunächst einen Menschen bezeichnet, der für Geld seine Haut zu Markte trägt, also einen Söldner, einen gedungenen Helfershelfer, aber ebenso einen Guerillero, einen Seeräuber, einen Wegelagerer.

Um Geld waren auch die Dienste eines *sicarius* zu haben. Er arbeitete mit der *sica,* dem Dolch oder Stilett, und zwar möglichst unauffällig. «Meuchelmörder» oder, moderner, «Killer» erfassen das unerfreuliche Berufsbild recht gut.

Besonders starke Emotionen muß das Schimpfwort *parricida* in einer Gesellschaft ausgelöst haben, in der verwandtschaftliche Bindung und Respekt vor den Alten, speziell vor dem Vater, so viel galten wie in der römischen.

Vatermord erschien als etwas absolut Unnatürliches, und dementsprechend ungewöhnlich war auch die Strafe für dieses Verbrechen: Der Mörder wurde lebend in einen ledernen Sack eingenäht und in einen Fluß geworfen!

Warum man das tat, sucht Cicero in seiner Rede für den des Vatermords angeklagten Sextus Roscius aus Ameria (24, 71) so zu erklären: Man warf den Vatermörder nicht den wilden Tieren vor, damit sie nicht bei solchem Fraß noch wilder würden, man warf ihn nicht nackt in den Fluß, damit er ihn und das Meer, in das er mündet, nicht befleckte ...

Im weiteren Sinne hieß *parricida* ein jeder, der einen nahen Verwandten tötete und der sich, als Hochverräter, an der Heimat versündigte, die den Römern als eine Art «Überelter» erschien: *communis parens omnium nostrum,* gemeinsame *parens* von uns allen nennt sie Cicero, als er sie in seiner ersten Rede gegen Catilina (7, 17) personifiziert, nicht *communis mater,* und weist ihr damit mehr als nur eine Mutterrolle zu; *parentes* sind die Eltern, gewiß, aber die *patria* trägt schon in sich selbst das Wort *pater,* Vater.

Ein *hostis ac parricida,* ein Staatsfeind und Hochverräter, ist für Cicero in seiner letzten Philippika (xiv 2, 4) der so ausgiebig geschmähte Mark Anton, und wir wissen nun, was bei *parricida* noch alles mitschwingt und welche moralische Entrüstung es auslösen konnte.

Auch Schillers Wilhelm Tell weist einen Vergleich seiner Tat an dem Vogt Geßler mit der jenes Enkels Kaiser Rudolfs von Habsburg weit von sich, der seinen Onkel, König Albrecht, umbrachte und als *Johannes Parricida* in die Geschichte eingegangen ist.

Gemessen an solchen Taten, ist die Fälschung eines Testaments ein geringeres Verbrechen, vorausgesetzt, der Fälscher war nicht zugleich auch der Mörder dessen, den er beerben wollte.

Daß dieser betrübliche Fall nicht ganz selten war, ist bezeugt, und auch die Kaiser Caligula und Nero füllten, als sie in Geldverlegenheit geraten waren, ihre Kassen durch vergleichbare Manipulationen.

Caligula erklärte Testamente für ungültig, in denen er

nicht bedacht worden war – wegen groben Undanks der Erblasser. Umgekehrt nannte er Leute «Witzbolde» (*derisores:* Sueton, Caligula 38), die ihn aus Angst zum Erben eingesetzt hatten und sich danach unterstanden, noch weiterzuleben. Vielen von ihnen soll er vergiftete Delikatessen geschickt haben!

Als sein gelehriger Schüler arbeitete auch Nero mit dem Vorwurf der «Undankbarkeit gegen den Kaiser», wenn er bei Erbfällen zu kurz kam.

In diesem Zusammenhang ist noch ein Wort aus Ciceros Verbrecherkatalog bemerkenswert: *Nepos.* Eigentlich ist das nichts weiter als der Neffe oder Enkel, aber anscheinend kam es häufiger vor, daß junge Leute in der Hoffnung, ihren Onkel oder Großvater bald zu beerben, ein flottes Leben führten. So wurde denn *nepos* zum Synonym für Lebemann, Verschwender, Liederjan und, wenn sich die jungen Leute an Lucusta & Co. hielten, für Schlimmeres.

Da Cicero Catilinas Anhang als besonders verrucht und verworfen charakterisieren wollte, fehlen in seiner Aufzählung die kleinen Gauner, zum Beispiel die Diebe, obwohl dieses alte Gewerbe ohne Zweifel florierte.

Perari, fur es! Perarius, du bist ein Dieb! (CIL IV 4764) oder *Ladicula fur est* Ladicula ist ein Dieb (ebd. 4776) – dergleichen findet sich nicht selten an pompejanischen Wänden.

Wer den Vorwurf etwas verhüllen wollte, sprach davon, jemand sei ein *homo trium litterarum,* ein Dreibuchstabenkerl: F – U – R.

Außerdem hatte man ein Fremdwort zur Verfügung, *clepta.* Wir kennen dessen griechischen Stamm vom Kleptomanen, der zwanghaft klaut.

Herrliche Gelegenheiten zum Stehlen boten sich in Rom überall dort, wo Leute ihre Kleider ablegten – wie zum Beispiel in den Bädern:

O furum optime balnearium,
Vibenni pater et cinaede fili! (CATULL C. 33)
He, du cleverster aller Bäderdiebe,
Papa Vibennius mit dem schwulen Söhnchen!

Die beiden, die Catull hier attackiert, mögen ein Gespann gebildet haben, dergestalt, daß Vibennius senior die bestahl,
die gerade mit dem Junior beschäftigt waren.

Von vergleichbarem Teamwork im Bordell spricht die
Sklavin Astaphium im «Truculentus» des Plautus (95 ff.):

Ad fores auscultate atque adservate aedis, ne quis ad-
ventor gravior abaetat quam adveniat, neu, qui manus
attulerit sterilis intro ad nos, gravidas foras exportet.

Novi ego hominum mores; ita nunc adulescentes
morati sunt: quinei aut senei adveniunt ad scorta con-
gerrones; consulta sunt consilia: quando intro advene-
runt, oenus eorum aliqui osculum amicae usque ogge-
rit, dum illi agant ceteri cleptae. Sin vident quempiam
se adservare, obludiant, qui custodem oblectent per io-
culum et ludum. De nostro saepe edunt, quod fartores
faciunt. Fit pol hoc, et pars spectatorum scitis pol me
hau' mentiri.

Ibi usibus pugnae et virtuti de praedonibu' prae-
dam capere. At ecastor nos rursum lepide referimu'
gratiam furibus nostris: nam ipsi vident, quom eorum
agerimus bona atque etiam ultro aggerunt ad nos!

Horcht an der Tür und gebt auf's Haus acht, daß
kein Besucher schwerer fortgeht als er kommt und keiner, der die Hände leer hierherbringt, sie schwer nach
draußen trägt.

Ich kenn' die Menschen, wie sie sich benehmen! So
sind nun mal die jungen Leute: zu fünft, zu sechst er-

scheinen sie im Puff, die Komiker. Ihr Plan ist klar: Kaum sind sie aufgekreuzt, knutscht einer seine Freundin solang' ab, bis seine Kumpel mit dem Klauen fertig sind.

. Seh'n sie aber, daß wer aufpaßt, blödeln sie, um den Portier mit dummen Witzen und Klamauk zu unterhalten.

Oft futtern sie von unserer Ration – wie's die Metzger machen. Bei Gott, so geht's, und ihr im Publikum, ihr wißt's, bei Gott, teilweise wenigstens, daß ich nicht lüge. Da hilft nur eins: in tapfrem Kampf die Beutegeier auszubeuten! Freilich, bei Kastor, revanchier'n wir uns ganz nett bei unsern Dieben. Sie selber schau'n ja zu, wenn wir das Geld aus ihrer Tasche zieh'n, und bringen es auch noch freiwillig her!

Astaphium hat's erfaßt: Wie du mir, so ich dir! Doch lassen wir die kleinen Gauner im Bad und im Bordell: Das Imperium Romanum bot genug Gelegenheit zu großangelegten Diebereien:

Teneo, teneo, inquam, in mediis vectigalibus populi Romani, in ipsis fructibus provinciae Siciliae furem manifesto avertentem rem frumentariam omnem, pecuniam maximam. Teneo, inquam, ita, ut negare non possit!
(CICERO, IN VERREM ACT. II 3, 60, 137)

Ich hab' ihn, jawohl, ich hab' ihn ertappt, an den Einnahmequellen des römischen Volks, an den Erzeugnissen der Provinz Sizilien, den Dieb, der vor aller Augen das ganze Getreide für sich fortschafft und Unmengen Geld. Ich hab' ihn ertappt, sagte ich, und zwar so, daß er nicht leugnen kann!

So jubelt Cicero angesichts der erdrückenden Beweise für die Unterschlagungen, Räubereien und Erpressungen des Prätors Verres, der nicht einmal davor zurückschreckte, hochverehrte Götterbilder aus den Tempeln mitgehen zu lassen, als *fur* und *sacrilegus,* als Dieb und Tempelschänder (Cic. in Verrem act. II 5, 1, 4).

Seine entsprechenden Untaten füllen bei Cicero ein ganzes Buch, und es tut wohl, daß ihm nicht alle glückten. Als beispielsweise von Verres beauftragte und bewaffnete Sklaven zu nachtschlafender Zeit in den Herkulestempel von Agrigent eindrangen, wurden sie beim Versuch, das Götterbild zu demontieren, von den Agrigentinern überrascht und mit einem Hagel von Steinen zum Abzug gezwungen.

Der Name des Verres, der bekanntlich «Wildschwein, Eber» bedeutet, liefert Cicero eine hübsche Schlußpointe für die Geschichte:

> *Numquam tam male est Siculis, quin aliquid facete et commode dicant, velut in hac re aiebant in labores Herculis non minus hunc immanissimum verrem quam illum aprum Erymanthium referri oportere.* (IN VERREM ACT. II 4, 43, 96)

Es kann den Sizilianern noch so dreckig gehen – nie sind sie um einen treffenden Witz verlegen. So sagten sie in diesem Fall, man müsse bei den Arbeiten des Herkules diese Riesenwildsau ebenso nennen wie den Erymanthischen Eber.

In tempelschänderischer Gesellschaft finden wir den *fur* auch im bereits früher zitierten Schimpfterzett aus dem «Pseudolus» des Plautus (357 ff.):

parricida – Vatermörder, *sacrilege* – Tempelschänder, *peiiure* – Meineidiger, *legirupa* – Gesetzesbrecher – und *permities adulescentium* – Jugendverderber – heißt da der Kuppler, ehe ihm auch noch der *fur* an den Kopf geworfen wird.

Fast scheint es, als seien den Schimpfenden die starken Worte ausgegangen, so daß sie nun mit schwächeren vorlieb nehmen müßten. Immerhin steckt aber im *fur,* dem «Fortschaffer» (von *ferre,* tragen), neben dem Dieb auch der Einbrecher:

Si nox furtum faxsit,
si im occisit,
iure caesus esto. (LEG. XII TAB.; TAB. VIII 12)
   Wenn er nachts Diebstahl macht;
   wenn er ihn erschlägt;
   zu Recht erschlagen soll er sein.

So nüchtern und knapp äußert sich das Zwölftafelgesetz zu dem Fall, daß jemand nachts in ein fremdes Haus eindringt, um etwas mitzunehmen, und dabei vom Hausherrn überrascht wird. Typisch für den Stil dieser uralten Rechtssatzungen ist der Subjektswechsel in den beiden Wenn-Sätzen: Zuerst ist vom Dieb oder Einbrecher, dann vom Bestohlenen die Rede.

Mit der Entwicklung des römischen Rechtssystems verbunden war eine allmähliche Ausweitung ursprünglich enger gefaßter Begriffe; so wurde mit *furtum* eine ganze Reihe von Verstößen gegen das Eigentumsrecht bezeichnet, zum Beispiel auch der folgende, bei dem ein heutiger Richter auf Betrug erkennen würde:

Cum Titio honesto viro pecuniam credere vellem, subiecisti mihi alium Titium egenum, quasi ille esset locuples, et nummos acceptos cum eo divisisti. Furti tenearis, quasi ope tua consilioque furtum factum sit. Sed et Titius furti tenebitur. (ULPIAN, AD EDICTUM XXXVII = DIGESTEN, 47, 2, 52, 21).

   Als ich einem vertrauenswürdigen Mann namens

Titius Geld borgen wollte, schicktest du einen anderen, mittellosen Titius zu mir, als ob er begütert wäre, und teiltest mit ihm das Geld, das er bekam. Du sollst wegen *furtum* belangt werden, weil ja wohl der Betrug auf deinen Rat hin und mit deiner Unterstützung ausgeführt wurde. Aber auch Titius wird deswegen belangt werden.

Angesichts der vielfältigen Betätigungsmöglichkeiten eines *fur* dürfen wir die drei Buchstaben im Deutschen ohne weiteres mit «Schurke, Gauner, Betrüger» übersetzen; ein *trifur* ist demnach ein Erzschurke, Obergauner oder, bewundernd, ein Meisterdieb: Ein solcher, der Sklave des jungen Lyconides, fällt in der «Aulularia» des Plautus (631 ff.) einem mißtrauischen Alten in die Hände und wird zugleich verdroschen und beschimpft:

> S: *Quae te mala crux agitat? Quid tibi mecum est commerci, senex? Quid me adflictas? Quid me raptas? Qua de caussa verberas?*
> A: *Verberabilissume, etiam rogitas, non fur, sed trifur?*
> S: Was, zum Teufel, treibt dich um? Was hast du nur mit mir zu schaffen, Alter? Was haust du mich? Was zerrst du mich rum, weshalb verprügelst du mich?
> A: Ohrfeigengesicht, das fragst du mich noch, du Gauner, nein, du Obergauner?

Ähnliche Steigerungen sind auch bei den Räubervorwürfen möglich: So liebt es Cicero, seine diversen Busenfeinde, voran den Tribunen Clodius und Marcus Antonius, *archipirata,* «Erz-Seeräuber», zu nennen. Uns ginge ein Räuberhauptmann oder Gangsterboß leichter von der Zunge, doch kommt es vor, daß – wie in der Rede *de domo sua 10, 24* –

dann das Bild nicht mehr stimmt. Dort hat der *archipirata* Clodius mit seinem verruchten, räuberischen Spießgesellen dem Senat das Steuer des Staatsschiffs entrissen, alle Segel gesetzt und fährt nun hin durch Nacht und Sturmgebraus – ein Störtebeker an Bord der guten alten Roma!

Der Wortteil *archi-* stammt, wie der *pirata* selbst, aus dem Griechischen; wir erinnern uns an die neun Archonten («Herrscher») in Athen, aber auch an den *archi-episcopus,* den «Ober-Aufseher», der als Erzbischof eingedeutscht wurde und mit dem Metall Erz folglich nichts zu tun hat.

Einen weiteren Kunstgriff Ciceros, um den von ihm Angegriffenen als einen Super-Verbrecher hinzustellen, finden wir zu Anfang der *actio secunda* gegen Verres (II, 1, 3, 9), in einer meisterhaft entworfenen Rede, die jedoch nie gehalten wurde: Angesichts des erdrückenden Beweismaterials, das gegen ihn vorlag, war der korrupte, räuberische und mörderische Prätor nach Marseille in die Verbannung gegangen, ehe Cicero ihm seine sämtlichen Schandtaten hatte vorhalten können. Das geschah dann in den fünf Büchern der *actio secunda* detailreich und mit großer Emphase:

Non enim furem, sed ereptorem, non adulterum, sed expugnatorem pudicitiae, non sacrilegum, sed hostem sacrorum religionumque, non sicarium, sed crudelissimum carnificem civium sociorumque in vestrum iudicium adduximus ...

Keinen Dieb, sondern einen Räuber, keinen Ehebrecher, sondern einen Amokläufer gegen den Anstand, keinen Tempelschänder, sondern einen erbitterten Feind all dessen, was heilig ist, keinen Meuchelmörder, sondern den brutalsten Schlächter von Bürgern und Bundesgenossen habe ich vor euren Richterstuhl gebracht ...

Wir haben versucht, die von Cicero eingesetzten Stilmittel im Deutschen nachzuahmen, sind uns aber im klaren darüber, daß die drei B von «brutaler Schlächter der Bürger und Bundesgenossen» bei weitem nicht so zuschlagen wie die fünf C in *non sicarius, sed crudelissimus carnifex civium sociorumque* – da hört man geradezu das Hackebeil des Henkersknechts, des «Hackfleisch-Machers», wie man den *carnifex* grausig-salopp übersetzen könnte: Das Wort enthält die Stämme von *caro,* Fleisch, und *facere,* machen; es läßt sich seiner Bildung nach neben *artifex,* den Künstler, und *versifex,* den Verseschmied, stellen.

Wie man über unseren wortgewaltigen Redner mit dessen eigenen rhetorischen Mitteln herfällt, macht uns der unbekannte Fälscher vor, der eine unter dem Namen Sallusts überlieferte Invektive verfaßt hat und besonders das, was in Ciceros Augen seine größte Leistung war, die Rettung Roms vor den Umtrieben Catilinas, als rücksichtslosen Massenmord hinstellt:

> ... *se Cicero dicit in concilio deorum immortalium fuisse, inde missum huic urbi civibusque custodem absque carnificis nomine, qui civitatis incommodum in gloriam suam ponit.* (PSEUDO-SALLUST, INVECTIVA IN M. TULLIUM CICERONEM 2, 3).

Cicero sagt, er sei im Rat der unsterblichen Götter gesessen und da dieser Stadt und ihren Bürgern als Beschützer bestellt worden. Die Bezeichnung «Henker» weist er von sich, er, der sich den Ruin des Staats noch als Ruhmestat anrechnet.

Wieder hacken und schneiden die C rund um den *carnifex* Cicero, daß es nur so eine Art hat – und gleich klatschen die nächsten Geißelhiebe:

Homo levissimus, supplex inimicis, amicis contumelio-
sus, modo harum, modo illarum partium, fidus nemini,
levissimus senator, mercennarius patronus, cuius
nulla pars corporis a turpitudine vacat, lingua vana,
manus rapacissimae, gula immensa, pedes fugaces,
quae honeste nominari non possunt, inhonestissima.
Atque is, cum eius modi sit, tamen audet dicere: «O for-
tunatam natam me consule Romam!» (EBD. 3, 5)

Ein völlig charakterloser Mensch, kriecht seinen
Feinden hinten 'rein, seine Freunde aber bewirft er mit
Dreck, hält es bald mit der, bald mit jener Partei, ist zu
keinem aufrichtig, hängt als Senator seinen Mantel nach
dem Wind und läßt sich als Advokat kaufen!

Am ganzen Kerl ist nichts, was nicht gemein wäre:
Die Zunge verlogen, die Hände raffgierig, die Gurgel unersättlich, die Beine nur zum Abhauen gut – aber das,
was man aus Schamgefühl nicht nennt, das ist das
Schamloseste an ihm!

Und ein solches Subjekt wagt trotzdem zu dichten:
«Glückliches Rom, unter mir als Konsul wiedergebo-
ren!»

Welch ein Glück für Cicero, daß er diese gehässigen Anwürfe
nie zu hören oder zu lesen bekam! Der Fälscher verspritzte
nämlich sein Gift gegen einen Toten, einen Geächteten, und
ging kein Risiko ein, im Gegensatz zu Cicero selbst, wenn er
auf Marcus Antonius eindrosch: Nie um neue Formen der Beschimpfung verlegen, nennt er ihn in der vierten Philippischen Rede (6, 15) einen Mörder, einen Räuber, einen Spartakus und läßt auf diese besondere Form der Steigerung noch
einen Vergleich mit Catilina folgen:

Est igitur, Quirites, populo Romano, victori omnium
gentium, omne certamen cum percussore, cum latrone,
cum Spartaco.

Nam quod se similem Catilinae gloriari solet, sce-
lere par est illi, industria inferior.
So hat denn, ihr Römer, unser Volk, das über alle
Völker siegte, nur noch einen Strauß zu bestehen, mit
einem Mörder, einem Räuber, einem Spartakus.
Denn wenn er sich damit brüstet, dem Catilina ähn-
lich zu sein, dann gleicht er ihm nur im Verbrechen.
An Energie kann er sich nicht mit ihm messen.

In diesem Text begegnet uns mit dem *percussor* ein neuer
Mördertyp, der sein Gewerbe anscheinend etwas unverhoh-
lener betreibt als der tückische *sicarius*. Rückschlüsse auf
eine gewisse Methodenvielfalt erlaubt das Verbum *percutere*
mit seinem breiten Bedeutungsspektrum – durchbohren,
verwunden, erschlagen, erschießen, hinrichten u. a.: Wir
stellen uns einen wüsten Schlägertyp vor, einen Messerstecher und gedungenen Killer, und haben damit wohl das Bild
vor Augen, das Cicero von Marcus Antonius entwerfen
möchte.

Etwas andere Assoziationen dürften in dem folgenden
Schimpfduett aus dem «Satyricon» Petrons (9, 6 ff.) mit-
schwingen, in dem sich zwei junge Männer, Encolpius und
Ascyltus, beschimpfen, die es beide auf einen ausnehmend
hübschen Burschen namens Giton abgesehen haben.

Weil sich dieser gegenüber Ascyltus spröde gezeigt
hatte, war er von dem mit einem Dolch bedroht und wohl ge-
fügig gemacht worden, was Encolpius mächtig in Rage
bringt:

Quid dicis, muliebris patientiae scortum, cuius ne spiri-
tus quidem purus est?
Was sagst du Schwuchtel, bei der nicht einmal das
Mundwerk sauber ist?

Mit dem Vorwurf, nicht einmal der Atem seines Rivalen sei rein, wird vermutlich auf mehr angespielt als nur auf Mundgeruch – wir haben daher unserer Übersetzung einen entsprechenden Drall gegeben und zugleich den «weibischen Homosexuellen» zur Schwuchtel gemacht. Dabei verlassen wir uns auf eine Sammlung «Schmutziger Wörter», die sich selbst als «das sinnreichste Wörterbuch seit Erfindung der Fremdsprachen» anpreist und, herausgegeben von Hella Thal, im Eichborn-Verlag erschienen ist. Ob das Wort auch tatsächlich paßt, können wir nicht sagen, da uns der Einblick in die angesprochene Sphäre fehlt.

Aber lassen wir Ascyltus herausgeben:

Non taces, gladiator obscene? (...) Non taces, nocturne percussor?

Schweigst du nicht, du schwuler Bandit? Schweigst du nicht, du Messerstecher, du lichtscheuer?

Wie wir sehen, hat Petronius die bösen Worte in eine schöne Ordnung gebracht und, in der Figur des Chiasmus, über Kreuz gestellt. Daß in diesen Verbrechermetaphern Sexuelles mitschwingt, vermutet Ilona Opelt, *die* Spezialistin für lateinische Schimpfwörter, gewiß zu Recht, zumal wenig später im Text mit *pugnare,* kämpfen, eindeutig der Geschlechtsverkehr gemeint ist. Dergleichen hat Cicero wenn er Mark Anton *percussor* schimpft, freilich nicht im Visier: Er will ihn als wilden Mordbrenner abstempeln, als zweiten Spartakus, als zweiten Catilina.

Hier zeigt sich, daß auch Namen, mit denen man stark negative Assoziationen verband, zur Beschimpfung taugen: Spartakus, das war der Anführer eines für Rom zunächst ziemlich bedrohlichen Sklavenaufstands, ein Mensch von bemerkenswerter Tatkraft, der modernen Betrachtern eher als ein Rächer der Enterbten, als ein verhinderter Sozialrevolutionär erscheint.

Für einen Römer aber war er ein unbotmäßiger Sklave, ein Gladiator, der aus dem *ludus* in Capua ausgebrochen war, ein Räuber, Mörder und Staatsfeind – kurz, in seinem Namen ließ sich vieles von dem bündeln, was man sonst mit verschiedenen Wörtern hätte benennen müssen.

Auch Catilina, der bereit war, gegen Rom zu marschieren und sogar mit dem Gedanken gespielt haben soll, die Stadt an allen Ecken anzuzünden, mußte selbst Jahrhunderte nach seinem Tod bisweilen herhalten, wenn jemand als außergewöhnliche Bedrohung des Staats bezeichnet werden sollte oder Ähnlichkeit mit diesem schillernden Charakter aufwies – er spukt noch durch die spätantike «Historia Augusta», zum Beispiel durch die Biographien der Kaiser Avidius Cassius (3, 5) und Clodius Albinus (13, 2).

In diesem Geschichtswerk, dessen dem Kaisertum zumindest reserviert gegenüberstehender Verfasser sich hinter verschiedenen Pseudonymen verbirgt, finden sich überhaupt zahlreiche Beispiele dafür, wie Namen von historischen Persönlichkeiten oder von Gestalten der Sage als Chiffren für bestimmte Eigenschaften verwendet wurden.

So sollen den späteren Kaiser Maximinus, einen ungewöhnlich kräftigen Hirten aus Thrakien, der im römischen Heer Karriere machte, die Soldaten als Herkules, Achilles, Hektor oder Aias bezeichnet haben. Seine mehr als barbarische Grausamkeit trug ihm freilich auch ganz unrühmliche Beinamen ein:

> ... *tam crudelis fuit, ut illum alii Cyclopem, alii Busirem, alii Scirona, nonnulli Falarem, multi Tyfona vel Giganta vocarent. Senatus eum tantum timuit, ut vota in templis (...) facerent, ne ille umquam urbem Romam videret. Audiebant enim alios in crucem sublatos, alios animalibus nuper occisis inclusos, alios feris obiectos,*

alios fustibus elisos... (SCRIPTORES HISTORIAE AUGU-
STAE, MAXIMINI DUO 8, 5 FF.)

... er war so brutal, daß ihn die einen Zyklop, die
andern Busiris, wieder andere Skiron, manche Phalaris
und viele Typhon oder Gigant nannten. Die Senatoren
fürchteten ihn derart, daß sie in den Tempeln darum be-
teten, er möge Rom nie zu sehen kriegen. Sie hörten
nämlich, daß er bestimmte Leute habe kreuzigen, andere in frischgeschlachtete Tiere einnähen, andere den
Bestien vorwerfen, wieder andere mit Knüppeln habe
totschlagen lassen.

Das mörderische Treiben des gekrönten Wilden forderte
zum Vergleich mit dem menschenfressenden Zyklopen Polyphem heraus, mit dem sagenhaften Ägypterkönig Busiris,
der Fremde seinen Göttern opfern ließ, bis ihn Herkules er-
schlug, mit dem von Theseus erlegten Mörder Skiron, mit
dem Tyrannen Phalaris von Agrigent und mit jenen Riesen-
söhnen der Mutter Erde, die den Himmel stürmen wollten,
aber vernichtet oder unter Gebirgen begraben wurden wie
die Giganten oder der entsetzliche Typhon, dessen Feuer-
atem noch heute aus dem Schlund des Ätnas steigt.

Ob einfache Leute, zumal in der Spätzeit des römischen
Reichs, so belesen waren, daß ihnen derartige Namen etwas
sagten, wird man wohl bezweifeln; die dünne Schicht der Ge-
bildeten, die es vor dem rabiaten Maximinus graute, dürfte
aber sehr wohl die Geschichte von Phalaris gekannt haben,
der seine Gegner lebendig in den hohlen Leib eines mächti-
gen Stiers aus Bronze einschloß und darin bei langsamem
Feuer braten ließ. Das scheußliche Martergerät soll ein ge-
wisser Perillos erfunden und dem Tyrannen mit dem Hin-
weis empfohlen haben, die Schreie der Gequälten würden
wie das Brüllen eines Stiers klingen. Phalaris probierte das
sofort aus: Er ließ den Perillos braten.

Dem widerlichen Brauch, einen Menschen bis zum Hals in einem unter südlicher Sonne rasch verwesenden Tierkadaver einzunähen, begegnet man auch im Eselsroman des Apuleius (VI 31, 5 ff.), wo er mit sadistischer Breite beschrieben wird. Vergleichbar ist eine Strafe, die der sagenhafte Etruskerkönig Mezentius praktiziert haben soll: Er ließ einen lebenden Menschen mit einem Toten zusammenschnüren. Weil der Kaiser Opellius Macrinus angeblich dasselbe tat, nennt ihn die Historia Augusta einen Mezentius (Opil. Macr. 12, 9) – ein weiterer Fall literarischer Beschimpfung.

Daß Könige besonders erfindungsreich im Austüfteln gräßlicher Martern sind, galt den Römern als ziemlich ausgemacht; man kann das entsprechende Klischee sogar in Caesars Gallischem Krieg (I 31, 12 f.) entdecken, wenn von dem Germanenkönig Ariovist die Rede ist. Von ihm wird berichtet, daß er

> *superbe et crudeliter imperare, obsides nobilissimi cuiusque liberos poscere et in eos omnia exempla cruciatusque edere, si qua res non ad nutum et voluntatem eius facta sit. Hominem esse barbarum, iracundum, temerarium; non posse eius imperium eius diutius sustineri.*
>
> ... seine Herrschaft übermütig und grausam ausübe, als Geiseln die Kinder des Hochadels fordere und sie auf jede mögliche Weise martern lasse, wenn etwas nicht sofort nach seinem Kopf gehe. Er sei ein Wilder, jähzornig und verwegen, und seine Tyrannei sei nicht länger zu ertragen.

Daß der blutrünstige Barbar sich sogar an Kindern vergreift, paßt ausgezeichnet zu dem Schreckbild, das Caesar hier aus den Reizwörtern *Germani, rex, superbus, crudelis, cruciatus, barbarus, iracundus* und *temerarius* zusammenfügt.

110

Die übliche Steigerung des seit der Etruskerherrschaft in Rom verhaßten Titels *rex* zum noch verhaßteren *tyrannus* braucht nicht ausdrücklich zu erfolgen.

Übrigens mußte sich Caesar selbst in seinen letzten Jahren den Vorwurf, ein Tyrann zu sein, gefallen lassen. Das kann man unter anderem der Rede entnehmen, die Cicero für den König Deiotarus hielt (12, 33) und in der er ausdrücklich die Milde rühmt, die der Sieger im Bürgerkrieg gegen seine Feinde übte. So handle kein Tyrann, und nur in

urbanis malevolorum sermunculis,
      dem böswilligen Gerede seiner Widersacher in Rom,

werde er so hingestellt.

Später lernte Rom kleine und große Tyrannen in Menge kennen, und die Historia Augusta zählt nacheinander dreißig davon auf, Usurpatoren, Verbrecher, Verräter, Vatermörder...

Scelestus, ossifragus, tyrannus, carnifex –
      Schurke, Knochenbrecher, Tyrann, Henkersknecht –

diese starken Worte passen nicht nur für Barbarenhäuptlinge und Usurpatoren, sondern für jeden, der sich durch besondere Schurkerei und Grausamkeit auszeichnet, beispielsweise, wenn er Kinder, die andere Leute ausgesetzt haben, aufnimmt – aber nicht aus Nächstenliebe, sondern um sie zu verstümmeln und dann, wenn ihr Zustand Mitleid erregt, für sich betteln zu lassen.

Einen solchen Schuft zieht Seneca der Ältere in seinen «Controversiae» (10, 4, 1) vor Gericht, und wir wollen hoffen, daß der Fall, wie so viele andere in diesen für den Schulgebrauch skizzierten Deklamationsübungen, erfunden und nicht wirklich vorgekommen ist.

VIII. Struma nonius   *Nonius, der Kropf*

Senecas schlimme Geschichte rührt die Frage an, wie Römer einem behinderten, einem verunstalteten Menschen begegneten: Tat er ihnen leid, sahen sie taktvoll über das Gebrechen hinweg oder nahmen sie es, spottlustig wie sie waren, zum Anlaß, darüber zu witzeln?

Die vielen Beinamen, die – aus ursprünglichen Spitznamen entstanden – auf einen körperlichen Mangel zielen, sprechen eine recht deutliche Sprache: Da sind *Crassus,* der Dicke, und *Plautus,* der Plattfuß, *Flaccus,* das Schlappohr, und *Labeo* mit den dicken Lippen, *Longinus,* das lange Elend, *Naso* mit der großen Nase und *Calvus,* der Glatzkopf.

Der große Caesar trug zwar nicht diesen Beinamen, wohl aber Glatze, und wir haben bereits mitgeteilt, daß ihm seine Soldaten unter anderem auch dieses Defizit im Triumphzug vorhielten: *Moechum calvum adduximus* Wir bringen einen glatzköpfigen Weiberhelden mit...

Daß auch andere darüber ihre Witze rissen, bezeugt Sueton: Caesar sei, was sein Äußeres anging, recht eigen gewesen;

> *ut... calvitii vero deformitatem iniquissime ferret saepe obtrectatorum iocis obnoxiam expertus. Ideoque et deficientem capillum revocare a vertice adsueverat et ex omnibus decretis sibi a senatu populoque honoribus non aliud aut recepit aut usurpavit libentius quam ius laureae coronae perpetuo gestandae.* (DIVUS IULIUS 45, 2)

über die Glatze, die ihn entstellte, war er todunglücklich, weil sie oft Zielscheibe des Spotts seiner Widersacher war. Daher kämmte er gewöhnlich seine paar Haare nach vorn über den Schädel, und von den Auszeichnungen, die Senat und Volk ihm zuerkannten, nahm er keine lieber an und nützte auch keine mehr aus als das Vorrecht, ständig einen Lorbeerkranz tragen zu dürfen.

Vergleicht man die verschiedenen Caesarporträts miteinander, so fällt auf, daß ihm ein Teil davon recht kräftiges Haupthaar zugesteht, während andere Suetons Bericht eher entsprechen.

Besonders realistisch sind die Münzbilder des alternden *Dictator perpetuus,* die seinen dürren, faltigen Hals und seine hohlen, weitaufgerissenen Augen überdeutlich zeigen.

Das entspricht dem Wesen römischer Porträtkunst, die im Gegensatz zur griechischen nicht idealisierte, sondern die Wirklichkeit abbildete, keinen Zwiebelkopf versteckte, keine abstehenden Ohren anlegte, keine Warze auf der Nase wegließ – so wie man nichts dabei fand, von einem, der klapperdürr war, das auch zu sagen: *Macer,* der Magere, reiht sich gut in unsere Sammlung ein, in die man wohl auch *Ahenobarbus,* den Rotbart, aufnehmen kann.

Da auch die Beinamen sich vererbten, paßten sie freilich in vielen Fällen nicht mehr zu ihren Trägern, und so dachte man wohl, wenn man sie in der Anrede benützte, nur fallweise daran, was sie eigentlich besagten – ähnlich wie wir innerlich schmunzeln, wenn uns jemand als «Herr Lang» oder «Herr Groß» vorgestellt wird und tatsächlich nur eine mickrige Erscheinung ist.

Für solche Figuren gibt es im Lateinischen eine ganze Reihe von spöttischen Bezeichnungen, die sich auch verwenden lassen, wenn man einem Menschen Bedeutungslosigkeit vorwerfen will:

Pusillus: Mickerling, Winzling, z. B. Catull, c. 37, 15,

pupillus: Waisenknabe, Muttersöhnchen, z. B. Tacitus, Annalen xiv, 1, 1, wo Neros spätere Frau Poppaea den Kaiser so nennt, weil er aus Angst vor seiner Mutter die Heirat verzögert,

puerculus: Bubi, z. B. Plautus, Cistellaria 452, wo die *meretrices* Selenium und Melaenis einen lästigen Liebhaber namens Alcesimarchus abblitzen lassen:

> *S: Molestus es!*
> *A: Meae issula aedes egent.*
>   *Ad me sine ducam!*
> *S: Aufer manum!*
> *A: Germana mea sororcula!*
> *S: Repudio te fraterculum!*
> *A: Tum tu igitur, mea matercula!*
> *M: Repudio te perculum.*
> S: Du gehst mir auf die Nerven!
> A: Mein Haus braucht eine Chefin!
>   Komm doch mit!
> S: Tu die Hand da weg!
> A: Mein liebes Schwesterlein!
> S: Ich mag dich nicht als Brüderlein.
> A: Dann also du, mein Mütterlein!
> M: Ich mag dich nicht als Bubilein.

Um ein kleines Bürschchen noch kleiner zu machen, hat sich Plautus im «Rudens» (848) etwas Hübsches einfallen lassen:

> *Frustum pueri,* Brösel von einem Jungen, Knirps.

Hierher gehören auch der *homullus* und der *homunculus,* beides zwergenhafte Erscheinungsformen des *homo,* die uns an Fausts Retortengeschöpf erinnern. Daß man sich einen solchen *homullus* als lächerliches Männchen, aus Ton und Lehm geknetet, vorstellen konnte, zeigt eine der vielen Attacken Ciceros gegen Piso (in Pisonem 25, 59); wir könnten an die Stelle des *homullus, ex argilla et luto fictus Epicurus* einen schöngeistigen Vorgartenzwerg setzen.

Demselben Piso werden an anderer Stelle (1, 1) seine ungesunde Gesichtsfarbe, sein Stoppelbart und sein kariöses Gebiß vorgehalten, und zwar in recht drastischer Weise: Cicero spricht von *color servilis, genae pilosae, dentes putridi,* er fühlt sich also beim Anblick des Piso an einen Sklaven erinnert, der selten die Sonne sieht und dem die Zähne im Mund verfaulen.

Wie roh man über Zahnlosigkeit spotten konnte, führt uns Martial vor:

Si memini, fuerant tibi quattuor, Aelia, dentes;
  expulit una duos tussis et una duos.
Iam secura potes totis tussire diebus:
  nil istic, quod agat, tertia tussis habet. (EPIGR. I 19)

Entsinn' ich mich recht, so hattest du, Aelia, ganze vier Zähne; davon flogen dir zwei beim Husten raus, und beim nächsten Husten die anderen zwei. Jetzt kannst du unbesorgt ganze Tage lang husten – es ist ja nichts mehr da, was beim dritten Anfall 'rausfliegen könnte!

Was in unserer Übersetzung nicht zum Ausdruck kommt, ist das durch T-Alliterationen vernehmlich gemachte Gehüstel der alten Aelia –

... *poTes ToTis Tussire Diebus: T– T– T–D ...*

– die allerdings im Gegensatz zu Piso wohl nie gelebt hat:

Martials Hohn zielt in der Regel nicht auf bestimmte und bekannte Personen: Um Ärger zu vermeiden, verwendete er in seinen unter der Herrschaft des launischen Despoten Domitian entstandenen Epigrammen, wenn er scheinbar angriff, fingierte Namen und nannte nur da die wirklichen, wo er lobhudelte.

Dessenungeachtet spiegelt sich in diesen Kunstprodukten sicherlich viel echter Schimpf, den körperlich Benachteiligte in Rom auszuhalten hatten:

> *Thais habet nigros, niveos Laecania dentes.*
>> *Quae ratio est? Emptos haec habet, illa suos.*
> (EPIGR. V 43)
> Thais hat schwarze Zähne, schneeweiße aber Laecania.
>> Was der Grund ist? Gekaufte hat die, und jene die eigenen!

> *Cum sint crura tibi, similent quae cornua lunae,*
> *in rhythio poteras, Phoebe, lavare pedes.*
> (EPIGR. II 35)
> Da du Haxen hast, die der Sichel des Mondes gleichen,
>> hättest du, Phoebus, soeben im Trinkhorn ein Fußbad nehmen können.

Dieser Zweizeiler ist von besonderer Boshaftigkeit, weil dem Phoebus, dessen Name an den strahlend schönen Gott des Lichts und der Kunst, Phoebus Apollo, erinnert, nicht nur seine häßlichen, krummen Beine vorgehalten werden, sondern zugleich angedeutet wird, daß sie wohl schon länger nicht mehr mit Wasser in Berührung gekommen sind.

Daß jemand sich für schön hält, obwohl er ein ausgesprochen komisches Gesicht hat, faßt Martial in folgende Verse:

> *Dicis amore tui bellas ardere puellas,*
>> *qui faciem sub aqua, Sexte, natantis habes.*
> (EPIGR. II 87)

Du sagst, in Liebe zu dir verzehrten sich die hübschen
Mädchen;
    dabei machst du, Sextus, ein Gesicht wie ein Lang-
streckentaucher.

Hier muß sich der Leser erst vorstellen, wie ein Mensch aussieht, der mit Anstrengung unter Wasser die Luft anhält, ehe
er über den dickbackigen, glotzäugigen, eingebildeten Sextus schmunzeln kann – wir haben also einen Witz mit Zeit-
zünder vor uns, ähnlich denen, die Christian Morgensterns
geistreiche Erfindung Korf erfunden haben soll; die jedoch
sind von der Art, daß sie «erst viele Stunden später wirken».

Eine raffinierte Kombination von Relativitätsprinzip
und Motivationspsychologie stellt das folgende Spottgedicht
dar:

Omnes aut vetulas habes amicas / aut turpes vetulisque
foediores. / Has ducis comites trahisque tecum
    per convivia, porticus, theatra, / Sic formosa, Fa-
bulla, sic puella es. (EPIGR. VIII 79)

Ausnahmslos hast du alte Schachteln zu Freundin-
nen oder Vogelscheuchen, scheußlicher noch als alte
Schachteln. Die schleppst du als deine Begleitung auf
Parties, durch die Hallen, ins Theater. *So* bist du hübsch,
Fabulla, so ein nettes Mädchen!

Wenn wir die *vetulae,* mit denen sich Fabulla umgibt, etwas
näher ins Auge fassen, erkennen wir, daß das Wort fast bis
auf unsere Zeit lebendig geblieben ist – als «Vettel» oder,
doppelt gemoppelt, als «alte Vettel». Die hat sich allerdings
jetzt in Bücher zurückgezogen und das Feld der alten
Schraube, Schrippe, Raspel, Krücke, Knitte, der ollen Töle
und dergleichen überlassen.

Das zugehörige Maskulinum *vetulus* läßt sich freundlich-familiär, etwa wie «alter Knabe», aber auch despektierlich verwenden.

Um moderne Entsprechungen sind wir nicht verlegen: Krauterer, Tattergreis, Kalkleiste, Grufti, Bodenfrostmelder... Die Jugend von heute artikuliert ungeniert, was sie von den Älteren hält.

In Rom stand solcher Respektlosigkeit scheinbar das hohe Ansehen entgegen, das betagte Bürger genossen; ganz gefeit waren sie aber nicht gegen den Vorwurf des körperlichen und geistigen Verfalls:

> *Victoria in manu nobis est: Viget aetas, animus valet!*
> *Contra illis annis atque divitiis omnia consenuerunt.*
> (SALLUST, CATILINA 20, 10)
>
> Wir haben den Sieg in der Hand: Wir sind jung und stark und geistig voll da. Bei denen dagegen ist im Lauf der Jahre und, weil sie im Geld schwimmen, alles vergreist.

Das sind die Worte eines Aufrührers, der die Herrschenden stürzen will – sie erinnern uns an revolutionäre Ausfälle gegen das «Establishment» der sechziger Jahre. Und wenn ein junger Dichter erklärt, samt seinem Mädchen auf das Gebrabbel der moralinsauren Alten pfeifen zu wollen, kommt uns das auch recht «modern» vor. Man kann ein übriges tun und an die Stelle von *amemus make love* setzen, kann aus *vivamus* «Wir wollen leben – jetzt!» herauslesen – doch Catull ist auch in einer nicht ganz so kessen Übersetzung deutlich genug:

> *Vivamus, mea Lesbia, et amemus / rumoresque senum*
> *severiorum / omnes unius aestimemus assis!* (CATULL,
> c. 5)

Leben wollen wir, meine Lesbia, und uns lieben,
und uns um das Gerede unfroher alter Knacker insgesamt einen feuchten Staub kümmern ...

Mit dem Wort *senex* verband sich in Rom zunächst die Vorstellung von Würde, Lebenserfahrung und Weisheit – doch
eine kleine, böse Beigabe nahm das alles weg:

Senex recoctus, aufgewärmter Alter, schimpft Catull
(c. 54, 5) einen Vertrauten Caesars, nachdem er vorher
einem gewissen Otho vorgehalten hat, er habe einen viel zu
kleinen Kopf *(caput oppido pusillum).* Ein weiterer Schlag
geht gegen die halbgewaschenen Bauernbeine *(rustica se-
milauta crura)* eines Herius, und dann wird jemand wegen
subtilen, leisen Furzens *(subtile et leve peditum)* verhöhnt –
wohl mit dem Unterton, daß es dem Kerl selbst in diesem Bereich an Mumm fehle –, ehe der Herr und Meister ironisch
«einzigartiger General» *(unice imperator)* tituliert wird.

Wir spüren, was Catull vor allem empört: Ein ohne Zweifel großer Mann umgibt sich mit verächtlichen Figuren, tritt
als Beschützer verkrachter Existenzen auf und hievt sie auf
hohe Posten. Wie lange kann man da noch zusehen?

Quid est, Catulle? Quid moraris emori?
Sella in curuli struma Nonius sedet,
per consulatum peierat Vatinius
Quid est, Catulle? Quid moraris emori? (c. 52)
Was ist, Catull? Was kratzt du noch nicht ab?
Auf einem Ehrenstuhl sitzt Nonius, der Kropf,
bei seinem Konsulat schwört falsch Vatinius.
Was ist, Catull? Was kratzt du noch nicht ab?

Dies ist wahrlich ein Rondo tiefster Resignation: Wohin wird
es mit einem Staat noch kommen, in dem körperlich Defor-
mierte und moralisch Verkommene das Sagen haben?

Daß Nonius kurzerhand «der Kropf» genannt wird, verleiht der Attacke zusätzlichen Biß: Nicht ein Mensch, den ein Kropf verunstaltet, sondern ein Kropf, der Nonius heißt, räkelt sich da im Amtssessel. Bei Petron stünde dafür vielleicht *struma, non homo,* so wie ein Streithammel *discordia, non homo* genannt wird: die Zwietracht selbst, kein Mensch (sat. 43, 3), wie ein scharfer Bursche *piper, non homo* ist, ein Kerl wie Pfeffer (sat. 44, 7).

Der ebenfalls angegriffene Vatinius hatte als Volkstribun entschieden Caesars Interessen verfochten. Nun peilt er das Konsulat an und ist sich seiner Sache so sicher, daß er bereits dabei schwört, etwa in der Weise: «So wahr ich Konsul werde.»

Daß diese Schwüre samt und sonders Meineide sind, versteht sich für Catull von selbst.

Im übrigen scheint Vatinius tatsächlich ein übler Typ gewesen zu sein, ein Helfershelfer und Spitzel jenes berüchtigten Clodius, gegen den Cicero in seiner Rede *pro Sestio* schweres Geschütz auffährt:

> *Ille nefarius, ex omnium scelerum colluvione natus*
>   *(...)*
> *haec taetra, immanis belua*
>   *(...)*
> *homo fraternis flagitiis, sororis stupris, omni inaudita*
>   *libidine infamis* – (PRO SESTIO 7, 15 F.)

Jener verruchte Bursche, der aus der schmutzigen Verbindung sämtlicher Verbrechen stammt, dieses widerliche, ungeheure Scheusal..., ein Kerl, der mit seinem Bruder Schimpfliches, der Unzucht mit seiner Schwester trieb, den jede Art von unerhörter Perversion in Verruf brachten!

Nichtswürdigkeit, schimpfliches Leben und Schmutz im eigenen Haus *(indignitas, turpitudo vitae sordesque domesti-*

cae) sind auch die zu Beginn der Rede *in Vatinium* gegen diesen selbst erhobenen Vorwürfe, und wenn wir dieses Ragout aus Unmoral, sex und crime mit Catull vergleichen, dann wirkt der Dichter nun geradezu zahm und zurückhaltend, er, von dem wir doch bisweilen den Eindruck hatten, er lege sich gar zu wild ins Zeug, wenn er zum Beispiel auf Caesar und Mamurra eindrischt.

Wir haben vorgeführt, was diese beiden sich alles bieten lassen mußten, und vermerken nun mit einer gewissen Überraschung, daß Catull Caesars Glatze unerwähnt läßt, obwohl diesen entsprechende Witze besonders schmerzhaft trafen.

Wir wollen vorerst nicht über mögliche Gründe spekulieren und halten nur fest, daß sich ein spezifisches Schimpfwort, vergleichbar unserem «Glatzenkönig», nicht eruieren ließ.

Vielleicht schloß das Wort *calvus,* kahl, bereits genug Hohn in sich; in dem Gedicht «Das Geisterroß» von Conrad Ferdinand Meyer genügt es dem zum Tode geführten Gallier Vercingetorix ja auch, um seinen Gegner verächtlich zu machen:

Wenn der Kahle schwelgt am Mahl,
würgt er seine Siegesbeute ...

Auf die Frage, wie kränkend in Rom Spott über körperliche Gebrechen empfunden wurde, können wir dem folgenden Sueton-Text vielleicht eine Antwort entnehmen, obwohl oder gerade weil er uns nicht mitteilt, wie es klang, als das Volk nach Handgreiflichkeiten und anderen Beschimpfungen den gestürzten Kaiser Vitellius wegen seines Aussehens verhöhnte.

... *religatis post terga manibus, iniecto cervicibus laqueo, veste discissa seminudus in forum tractus est inter magna rerum verborumque ludibria per totum viae*

spatium (...); quibusdam stercore et caeno incessenti-
bus, aliis incendiarium et patinarium vociferantibus,
parte vulgi etiam corporis vitia exprobante. Erat enim
in eo enormis proceritas, facies rubida plerumque ex vi-
nulentia, venter obesus, alterum femur subdebile...
(SUETON, VITELLIUS 17)

... man band ihm die Hände auf den Rücken, legte
ihm einen Strick um den Hals und zerrte ihn mit zerris-
sener Kleidung halbnackt auf das Forum, wobei man in
Worten und Taten viel Spott mit ihm trieb (...).

Manche bewarfen ihn mit Mist und Dreck, andere
schrien «Brandstifter» und «Freßsack», *und ein Teil des*
Pöbels hielt ihm sogar seine körperlichen Mängel vor.
Er war nämlich himmellang, meist feuerrot im Gesicht
wegen seiner Trunksucht, hatte einen aufgedunsenen
Bauch und ein teilweise gelähmtes Bein...

Sofern wir die Stelle richtig interpretieren, empfindet der
keineswegs zartbesaitete Sueton den Spott über das Aussehen des Vitellius als besonders gemein und vulgär. Das
könnte erklären, warum wir in den uns erhaltenen Werken
lateinischer Sprache, die zum größten Teil zur hohen Literatur zählen, nur selten und beiläufig auf entsprechende Beschimpfung stoßen.

Wenn wir nun – ebenfalls bei Sueton – lesen, daß eine
Mutter ihr eigenes, von hartnäckigen Krankheiten heimge-
suchtes Kind gewohnheitsmäßig als *portentum hominis,* als
monströse Mißgeburt, bezeichnen mochte, das die Natur
nicht fertiggebracht, sondern nur angefangen habe (*nec ab-*
solutum a natura, sed tantum incohatum: Divus Claudius 3,
3), dann fragen wir uns gewiß, was für ein Umgangston im
Kaiserhaus herrschte – denn die Rede ist von Antonia, einer
Nichte des Augustus, und ihrem Sohn, dem späteren Kaiser
Claudius.

Mutmaßlich war es Scham und Enttäuschung darüber, daß sie ihren hinkenden und stotternden Jungen vor den Augen der Öffentlichkeit fast verstecken mußte, was Antonia zu so bitterbösen Reden veranlaßte und sie von einem besonders dummen Menschen sagen ließ, er sei *stultior filio suo Claudio,* noch blöder als ihr Sohn Claudius.

In einem von Sueton (Divus Claudius 4) zitierten Brief des Augustus, in dem die Frage erörtert wird, was man mit diesem körperlich und geistig behinderten jungen Mann denn anfangen könne, werden die Probleme mit spitzen Fingern und insoweit mit mehr Takt angefaßt, als Augustus das Unangenehme mit griechischen Worten bezeichnet: *elattosthai* und *beblaphthai* heißt zwar auch nichts anderes als «geschwächt sein» und «geschädigt sein», aber es klingt doch viel distanzierter, ja fast wissenschaftlich!

Bekanntlich wollte es der Zufall, daß Claudius allen düsteren Prognosen zum Trotz auf seine alten Tage noch Kaiser wurde und die ihm gestellten Aufgaben ganz leidlich erfüllte – bis jener schon erwähnte Giftpilz Lucustas seinem Dasein ein Ende setzte.

Da gab der Philosoph Seneca dem Toten, mit dem er ein Hühnchen zu rupfen hatte, in der «Apocolocyntosis», der «Veräppelung», einen bitterbösen satirischen Fußtritt und griff mehrfach den Vorwurf wieder auf, er sei eine Mißgeburt, ein Monster gewesen.

Das zeigt sich einmal daran, daß seine Seele, während er im Sterben liegt und sie «austreiben» will, längere Zeit den rechten Ausgang nicht finden kann. Erst als die Parze Clotho die Zeit seines törichten Herrscherlebens abrupt beendet hat (*abrupit stolidae regalia tempora vitae:* Apocolocyntosis 4, 1), kann Claudius sein bißchen Geist «ausblubbern», *ebullire,* wobei zugleich seinem Hinterteil ein starker Ton entfährt (ebd. 4, 2). Der Sterbende kommentiert das mit dem «letzten Wort»:

vae me, puto concacavi me (4, 3)

> verdammt, ich glaub', ich hab' mich vollgeschis-
> sen –

dann ist's vorbei.

Nun humpelt der Tote dem Himmelstor entgegen, irritiert durch Brummen und Stottern den Pförtner und jagt sogar dem rasch herbeigerufenen Herkules Angst ein:

> *ut vidit novi generis faciem, insolitum incessum, vocem*
> *nullius terrestris animalis, sed qualis esse marinis be-*
> *luis solet, raucam et implicatam, putavit sibi tertium*
> *decimum laborem venisse.* (EBD. 5, 3)

Sobald der die befremdliche Erscheinung wahrnahm, den eigenartigen Gang, dazu die Stimme, nicht wie von einem landbewohnenden Tier, sondern so, wie sie gewöhnlich Seeungeheuer haben, rauh und verworren, da glaubte er, nun sei für ihn die dreizehnte Arbeit gekommen.

Daß Herkules, dieser Superheld, der weder vor Riesen noch vor Drachen, ja nicht einmal vor dem Höllenhund erschrak, sich vor dem toten Claudius fürchten soll, ist, wie Otto Weinreich in seiner Analyse dieser Stelle betont, als besonders giftige Spitze Senecas zu verstehen.

Hoffen wir, daß sie den armen Claudius nicht mehr stach – er hatte im Leben genug auszuhalten:

«Ich, Tiberius Claudius Drusus Nero Germanicus und so weiter – denn ich will nicht durch Aufzählung meiner Titel ermüden –, der ich vor noch nicht langer Zeit bei meinen Freunden und Verwandten mit Mitarbeitern bekannt war als ‹Claudius der Idiot› oder ‹Claudius der Stotterer› oder ‹Clau-Clau-Claudius› oder bestenfalls noch als ‹der gute Onkel Claudius›, habe mich entschlossen, die seltsame Geschichte meines Lebens zu schreiben.»

Mit diesen Worten beginnt Robert von Ranke-Graves seinen berühmten Roman «Ich Claudius, Kaiser und Gott», in dem er nach eigenem Bekunden seinen Helden, der «einer der fähigsten und geschicktesten Herrscher gewesen» sei, «die Rom jemals gehabt» habe, von dem Vorwurf reinwaschen möchte, er sei «ein nicht zurechnungsfähiger Pedant», «seinen Frauen und Sekretären hörig und eine Marionette in den Händen der kaiserlichen Garde» gewesen.

Wenn sich dieser Vorwurf auch nicht ganz aus der Welt schaffen läßt – eine Ehrenrettung hat Claudius allemal verdient!

IX. Stultissime!   *Vollidiot!*

Quicumque ubi sunt, qui fuerunt quique futuri sunt
posthac stulti, stolidi, fatui, fungi, bardi, blenni, bucco-
nes, solus ego omnis longe antideo stultitia et moribus
indoctis. Perii, pudet! (PLAUTUS, BACCHIDES 1087 FF.)
   Alle jetzigen, früheren und künftigen Deppen, Trottel, Schwachsinnigen, Hohlköpfe, Idioten, Triefel und
Maulaffen stell' ich allein weit in den Schatten, dumm
wie ich bin und ungebildet. Mit mir ist's aus; ich schäme
mich!

Nach zahlreichen Scheltreden über andere bieten wir zur
Abwechslung ein Stück Selbstbeschimpfung: Ein von seinem
Sklaven geprellter Alter geht in diesen Zeilen mit sich ins Gericht und stellt sich als Weltrekordler in Dummheit, als *homo
stultissimus,* dar.
   Die Reihe entsprechender Vorwürfe beginnt mit dem
Allerweltswort *stultus,* dumm, das man sogar in der Schule
lernt. Ihm folgt, stamm- und bedeutungsverwandt, *stolidus,*
darauf *fatuus,* das, sofern es auf den Wortstock *bat-* zurückgeht, einen Menschen bezeichnet, der einen Schlag auf den
Kopf abbekommen hat. *Fungus* ist eigentlich der Pilz, womit
man vermutlich Hohl- und Wasserköpfe verglich, und *bardus* wohl ein etruskisches Lehnwort, an dessen Stelle wir ein
griechisches gesetzt haben, das als *idiota* auch im Lateinischen Schimpfwortqualität hat – Piso soll es nach Ciceros Bekunden im Sinne von «armer Narr» verwendet haben (in Pisonem 26, 62). Das griechische Wort *idiotes* bezeichnet zu-

nächst denjenigen, der sich um seine eigenen Angelegenheiten kümmert, fern von der Politik ein zurückgezogenes Leben führt, kein Amt bekleidet, keine wissenschaftlichen Interessen hat – doch ein solcher Mensch geriet inmitten von lauter politisch engagierten, vielfältig interessierten Zeitgenossen, wie es zum Beispiel die Athener waren, rasch in den Verdacht, ein Eigenbrötler, Sonderling, Stümper und Schwachkopf zu sein.

Aus dem Griechischen kommt auch *blennus* als Schimpfwort für einen, dem die Nase dauernd läuft. Rotznase würde passen; wir schreiben mit Blick auf die Aussageabsicht der Wortfolge bei Plautus «Triefel».

Mit dem *bucco* begegnet uns schließlich ein komischer Typ der altitalischen Posse, der die Backen *(buccae)* aufbläst oder den Mund gewaltig voll nimmt. Dafür schien uns der Maulaffe angemessen.

Es ist uns bei diesen Übersetzungen klar, daß wir Wörter aus verschiedenen Sprachräumen und Zeiten vermengt haben, doch das scheint bereits im Plautustext der Fall zu sein: Der völlig vernichtete Alte kratzt alles zusammen, was ihm gerade in Sachen Dummheit einfällt.

In einer ähnlichen Situation geht bei Terenz, im «Heautontimorumenos» 874 ff., der alte Menedemus mit sich und seinem Ratgeber Chremes so ins Gericht:

Ego me non tam astutum neque ita perspicacem esse id scio; sed hic adiutor meus et monitor et praemonstrator Chremes hoc mihi praestat: In me quidvis harum rerum convenit, quae sunt dicta in stulto: Caudex, stipes, asinu', plumbeus; in illum nil potest: Exsuperat eius stultitia haec omnia.

Ich bin nicht so schlau und hab' nicht soviel Durchblick, das weiß ich. Aber mein Helfer und Mahner und weiser Berater Chremes ist mir in dem Punkt noch etwas über. Auf mich paßt alles, was man von einem Dummkopf sagt: Holzklotz, Tölpel, Esel, Bleiklumpen. Bei ihm ist's nicht möglich: seine Dummheit geht weit hinaus über das alles!

In dieser Aufzählung treten zum bereits bekannten Tiervergleich weitere Bilder der Indolenz: Holzklötze und umgehauene Bäume (die Grundbedeutung von *stipes* ist «Baumstamm»), dazu das träge, schwere Blei – der Tor fühlt nichts, begreift nichts und rührt sich nicht vom Fleck. Im Deutschen assoziieren wir erst in zweiter Linie Dummheit, wenn wir von einem groben oder ungehobelten Klotz sprechen; etwas deutlicher wird das Volkslied vom verschwundenen Christian:

«Und auf der Diele, da steht ein Klotz; dort hat er Holz gespalten. Seh ich mir diesen Holzklotz an, so denk ich an mein'n Christian . . .»

Wir unsererseits dürfen noch an das Schimpfduett zwischen Trimalchio und seiner Fortunata denken: *codex, non mulier,* ein Holzklotz, keine Frau. Dieselbe Injurie, auf einen Mann gemünzt, würde so klingen: *codex, non homo,* und wäre mit Holzkopf oder Holzbock sicher ganz treffend wiederzugeben.

Das Große und Grobe wird gern in die Nähe des Geistlosen, Unbeseelten gerückt; dementsprechend zielen viele der Attacken, die Ovid in einem mythologischen Rededuell zwischen dem Telamonier Ajax und Odysseus letzteren führen läßt, auf ein Mißverhältnis zwischen Muskelkraft und Intelligenz:

Huic modo ne prosit, quod, uti est, hebes esse videtur,
neve mihi noceat, quod vobis semper, Achivi,
profuit ingenium. (OVID, METAMORPHOSEN XIII 135 FF.)
Dem Mann da sollte es nur nicht nützen, daß er so

beschränkt wirkt, wie er eben ist, und mir darf es nicht schaden, daß euch stets, ihr Griechen, mein Geist von Nutzen war.

Ajax verstehe sich nur auf das Kämpfen (210), meint Odysseus, er sei ein roher, gefühlloser Kriegsknecht (*rudis et sine pectore miles:* 290), und eher würden die Flüsse rückwärts fließen, als daß der alberne Ajax *(stolidus Aiax)* einen klugen Einfall hätte (323 ff.).

Daß Geist und rohe Kraft sich nicht vertragen, konstatiert auch Seneca, wenn er in einer Reflexion über die Anziehungskraft blutiger Kämpfe davon spricht,

> *quam imbecilli animo sint, quorum lacertos umerosque miramur* (EP. MOR. 80, 2).
>
> wie schwach im Geist doch die sind, deren Bizeps und Schulterpartien wir anstaunen.

Das sind die Leute, so fährt er dann fort, die stundenlang in der ärgsten Sonnenglut, im heißen Sand der Arena durchhalten, während sie vom eigenen Blut triefen.

Vom Schwachsinn ist es nicht mehr weit zum Wahnsinn, jedenfalls nicht für diejenigen antiken Menschen, die, entsprechend den Lehren der Stoiker, jedes geistige Defizit als krankhaften Mangel, als nur schwer kurierbares Leiden ansahen.

Daher ist auch nicht verwunderlich, wenn in Texten der hohen Literatur die Einsicht, töricht gehandelt zu haben oder zu handeln, nicht den Ruf *me stultissimum,* ich Vollidiot, auslöst, sondern, zum Beispiel bei Tibull, die entsetzte Frage *quid facio demens* (4, 13, 27): Was treibe ich Wahnsinniger?

Wahnsinnig kann man auch jeden nennen, der sich auf ungeheuerliche, gefährliche, verbrecherische Unternehmen einläßt:

Ein *furibundus homo ac perditus,* ein verrückter und verworfener Kerl, ist Clodius für Cicero (pro Sestio 7, 15); bald darauf heißt er *furiosus et audax,* wahnwitzig und verwegen (8, 20), anderswo *demens, vaesanus* und *fanaticus,* ohne Verstand, von wahnsinniger Wut erfüllt und von Raserei umgetrieben (de domo sua 1, 3; 2, 3 und 40, 105) – und mit diesem in seinen Augen gemeingefährlichen Irren wird Cicero später den Marcus Antonius vergleichen:

audacior quam Catilina, furiosior quam Clodius!
verwegener als Catilina, wahnwitziger als Clodius!

Die wenigen Beispiele, die sich beliebig vermehren ließen, dürften bereits gezeigt haben, daß der Vorwurf geistiger Defekte im alten Rom mindestens so beliebt war wie heutzutage.

Daß es Verliebte bisweilen am klaren Verstand fehlen lassen, bringt Terenz in einem unübersetzbaren Wortspiel zum Ausdruck:

inceptiost amentium, haud amantium (ANDRIA 218)
ein Unterfangen von Verrückten, nicht von Verliebten.

Daraus wurde ein geflügeltes Wort: *amantes amentes,* Verliebte (sind) Verrückte, das auch als Titel eines ehedem sehr erfolgreichen Lustspiels von Gabriel Rollenhagen begegnet.

«Ich bin doch nicht verrückt» oder dergleichen will im Eselsroman des Apuleius (I 15, 2) der Portier einer jämmerlichen Absteige sagen – aber er sagt's bildhaft:

Nos cucurbitae caput non habemus, ut pro te moriamur!
Unsereiner hat doch keinen Kürbiskopf, daß er für dich sterben wollte!

Groß und hohl, das sind die Vergleichspunkte, die den Kürbis – lateinisch *cucurbita*, griechisch *kolokynthe* – schimpftauglich machen. Senecas Apo-colocyntosis ist demnach eigentlich eine «Verkürbissung», die den armen Claudius als Hohlkopf entlarven soll.

In dieselbe Richtung zielt *vasus fictilis*, der Tontopf, der uns in einer Schimpfkanonade bei Petron begegnet. Der junge Ascyltos hat durch unbändiges Lachen einen der älteren Gäste in Rage gebracht und muß sich nun anhören, was der von ihm hält:

> *Tu lacticulosus, nec mu nec ma argutas, vasus fictilis,*
> *immo lorus in aqua!* (SATYRICON 57, 8)
> Du Säugling, sagst weder Muh noch Mäh, hast
> nichts im Hirn, bist durchweicht wie ein Riemen im
> Wasser!

Während der *lorus in aqua* den Beschimpften als schlapp und impotent disqualifizieren soll, steht der tönerne Topf vermutlich für zweierlei: Er ist etwas Hohles – das sagt: Du Hohlkopf! Er geht leicht zu Bruch – das droht: Ich schlag' dich kurz und klein.

Quid est homo, was ist der Mensch? So fragt Seneca in der Trostschrift an Marcia (11, 3) und gibt zur Antwort:

> *Quolibet quassu vas et quolibet fragile iactatu.*
> Ein tönerner Topf, der bei jedem Stoß, bei jedem
> Sturz zu Bruch geht.

Dies ist ein Bild menschlicher Hinfälligkeit, ein Stückchen Selbstbeschimpfung und ein unübersetzbares Sprachkunstwerk – denn was wir ohne Gewaltakte gegen den deutschen Satzbau nicht schaffen, das erlaubt Seneca die freie Wortstellung des Lateinischen: Das Tongeschirr, Mensch genannt, geht anschaulich in Scherben: Bei jedem Schlag – ein Topf – und bei jedem – zerbrechlich – Sturz.

Daß sich gerade unser edelster Körperteil, der Kopf, im Vulgärlatein oft mit einem irdenen Gefäß vergleichen lassen mußte, beweist ein Blick in die romanischen Sprachen: *testa*, der Tonkrug, Topf, Scherben, Ziegelstein, hat sich im Italienischen an die Stelle von lateinisch *caput* gedrängt und bedeutet nun «Kopf» – im Französischen hat sich die *testa* in *tête* verwandelt.

Wer nichts im Kopf hat, neigt oft genug zu törichter Geschwätzigkeit: *stulta loquacitas* nennt sie Cicero (de oratore III 35, 142), und der eifrige Sammler Gellius, der die Stelle zitiert (Noctes Atticae I 15, 6), teilt uns auch mit, wie man im alten Rom die Quatschköpfe und Laberer nannte: *locutuleios et blaterones et loquaces* (ebd. 20).

Loquax, wie *locutuleios* von *loqui*, reden, abgeleitet, signalisiert durch die Nachsilbe *-ax*, daß die angesprochene Eigenschaft im Übermaß vorhanden ist, gleich wie bei *edax*, gefräßig, oder *rapax*, räuberisch. *Blatero* gehört zu dem Verbum *blaterare*, das lautmalend leeres Geplapper beschreibt.

Für Leute, die nichts als dummes Zeug daherreden, hat Plautus ein schönes griechisch-lateinisches Kunstwort geschaffen: *inanilogista*. *Inanis* – nichtig, leer, eitel – steckt darin, dazu das griechische Wort *logos*, Rede, und die ebenfalls griechische Nachsilbe *-istes*, die, wie das lateinische *-tor*, eine quasi hauptberuflich ausgeübte Tätigkeit bezeichnet. Im Falle der *inanilogistae* ist's sozusagen eine Leerrhetorik.

Was ein solcher Mensch im Laufe eines Vormittags alles von sich gibt, hat Horaz in seiner berühmten Schwätzersatire (I 9) ganz herrlich beschrieben und zugleich in einer wirkungsvollen Orakelparodie (ebd. 31 ff.) das Schicksal beschworen, das ihm der unausstehliche *garrulus* bereiten wird:

Als Kind habe ihm eine alte Sabinerin folgendes prophezeit:

Hunc neque dira venena nec hosticus auferet ensis
nec laterium dolor aut tussis aut tarda podagra.
Garrulus hunc quando consumet cumque. Loquaces
si sapiat, vitet, simul atque adoleverit aetas.

Ihn wird nicht gräßliches Gift noch das Schwert der Feinde erlegen, Seitenstechen nicht, auch nicht Husten und träge Podagra. Irgendwann gibt ihm ein Schwätzer den Rest. Redselige Leute meide er drum, sobald er erst in die Jahre gekommen.

Zweifellos, Schwätzer stellen eine Gefahr dar, sie können einem, wie wir sagen, ein Loch in den Bauch reden!

x. Furcifer! *Galgenstrick!*

«*Non dices hodie, quorsum haec tam putida tendant, furcifer?*»

«*Ad te, inquam.*» «*Quo pacto, pessime?*» (HORAZ, SATIREN II, 7, 21 F.)

«Wirst du mir's heut noch sagen, was du mit diesem öden Geschwätz meinst, du Galgenstrick?» «Dich mein' ich!» «Wieso, du Schurke?»

Diesen kleinen Dialog zwischen ihm selbst, dem Herrn, und seinem Sklaven Davus, der sich als *amicum mancipium domino et frugi, quod sit satis* vorstellt, als ein Stück Hausrat, das den Chef schätzt und ganz ordentlich seine Pflicht tut, hat Horaz in eine seiner Satiren eingefügt, in der er sich von eben diesem Davus ein bißchen den Spiegel vorhalten läßt.

Der Brave hatte sich zunächst bescheiden erkundigt, ob es der Herr denn nicht krumm nehmen würde, wenn er ihm ein paar Worte sagte – dabei gäbe ihm das Saturnalienfest ein Recht dazu. Während dieses Festes tauschten nämlich Freie und Unfreie in Rom die Rollen, Herren bedienten ihre Sklaven, und diese durften sich manches herausnehmen, was ihnen sonst Prügel eingetragen hätte.

Horaz gibt sich denn auch großzügig und läßt den Sklaven eine offenkundig seit langem einstudierte Rede über die Verkehrtheiten der Menschen halten. Bald aber reißt ihm der Geduldsfaden, und Davus bekommt das Übliche zu hören: *Furcifer! Pessime!*

Als ein Stück Besitz, eine ganz in die Hand des Herrn ge-

gebene bewegliche Sache, ist der Sklave ein ideales Ziel jegli-
cher Beschimpfung. Ist man wütend, kann man ihn für nichts
und wieder nichts zusammenstauchen – er darf keine Wider-
rede wagen, sonst fliegen die Fetzen!

Unde mihi lapidem?
Wo krieg' ich einen Stein her?

so schreit Horaz am Ende unserer Satire (116) und droht
dann dem armen Davus etwas ganz Schreckliches an: Wenn
er nicht sofort verschwindet, wird er aufs Land versetzt!

Der Schluß ist voll Selbstironie: Horaz preist bekanntlich in seinen Dichtungen das Leben fern der Stadt. Davus allerdings hatte angedeutet, daß er das wohl nicht so ernst
meine. Zum Glück sind Saturnalien.

Das Recht des Herrn, den Sklaven zu züchtigen, ja ihn
auf grausame Weise töten zu lassen, spiegelt sich in vielen
Schimpfwörtern. *Furcifer,* «Gabelträger», ist ein Delin-
quent, der zur Auspeitschung oder zur Kreuzigung an ein V-
förmiges Stück Holz gebunden wurde. Oft mußte er dieses
Schand- und Marterholz bis zum Ort seiner Strafe tragen –
wir denken an die Kreuztragung Christi, dem auch nicht das
ganze Kreuz, sondern eben jener Querbalken aufgeladen
wurde, mit dem zusammen er am Kreuzesstamm hochgezo-
gen wurde.

Auf solche schimpfliche und scheußliche Bestrafung
zielen auch die folgenden Kraftausdrücke, die ein ehemali-
ger Sklave bei Petron gebraucht. Er hatte sie sich wohl oft genug anhören müssen, und nun bereitet es ihm tiefe Befriedi-
gung, sie einem Freien an den Kopf werfen zu können:

crucis offla, corvorum cibaria (SATYRICON 58, 2)
Happen vom Kreuz, Rabenfutter!

136

Die von Müller/Ehlers vorgeschlagene Übersetzung «Satansbraten, Rabenaas» hat natürlich mehr Drastik als unsere wörtliche Lösung, doch entfernt sich der Satansbraten recht weit vom Gemeinten. Vielleicht trifft «Galgenschwengel» den Sachverhalt noch etwas besser, wenngleich auch dieses Wort – zum Glück – veraltet und aus der Mode ist.

Eine beträchtliche Zahl der typischen Sklavenschimpfwörter weisen mit aller Deutlichkeit darauf hin, daß der Beschimpfte Prügel verdient, zum Beispiel *verbero,* abgeleitet von *verbera,* die Schläge, oder *mastigia,* worin das griechische Wort für «Peitsche» steckt.

Diese und weitere Schelte enthält der folgende Schimpfdialog aus dem «Amphitruo» des Plautus, einer unsterblichen Verwechslungskomödie, in der Jupiter in Gestalt des in den Krieg gezogenen thebanischen Feldherrn Amphitruo dessen Frau Alcmene erobert, während Mercurius die Rolle seines Sklaven Sosia spielen muß.

Der Reiz unserer Szene besteht darin, daß der echte Amphitruo bei seiner Heimkehr an den falschen Sosias, also den Gott Merkur, gerät, der folglich noch frecher als ein normaler Sklave zurückgibt, wenn sein vermeintlicher Herr ihm den Kopf wäscht.

Daß Sklaven bei Plautus oft ein recht loses Mundwerk haben und ihre Besitzer nach Strich und Faden betrügen, spiegelt gewiß nur einen Teil der Realität. Die Schläge und brutalen Strafen waren realer als Schlitzohren wie Epidicus, Pseudolus («Lügenmaul») und Chrysalus, der «Goldjunge» – doch nun zum Amphitruo!

M: Quis ad fores est?
A: Ego sum.
M: Quid ‹ego sum›?
A: Ita loquor.
M: Tibi Iuppiter dique omnes irati certo sunt, qui sic

frangas fores.

A: *Quo modo?*

M: *Eo modo, ut profecto vivas aetatem miser!*

A: *Sosia!*

M: *Ita; sum Sosia, nisi me esse oblitum existimas. Quid nunc vis?*

A: *Sceleste, at etiam, quid velim, id tu me rogas?*

M: *Ita, rogo, Paene ecfregisti, fatue, foribus cardines. An fores censebas nobis publicitus praeberier? Quid me aspectas, stolide? Quid nunc vis tibi? Aut quis tu es homo?*

A: *Verbero, etiam, quis sim, me rogitas, ulmorum Acheruns, quem pol ego hodie ob istaec faciam ferventem flagris!*

M: *Prodigum te fuisse oportet olim in adulescentia.*

A: *Quidum?*

M: *Quia senecta aetate a me mendicas malum.*

A: *Cum cruciatu tuo istaec hodie, verna, verba funditas.*

M: *Sacrufico ego tibi.*

A: *Qui?*

M: *Quia enim te macto infortunio.*

A: *At ego te cruce et cruciatu mactabo, mastigia!*

M: Wer ist an der Tür?

A: Ich bin's.

M: Was soll das: Ich bin's?

A: Ich sag's doch.

M: Sicher sind dir Jupiter und alle Götter böse, weil du so gegen die Tür schlägst.

A: Wie denn?

M: So, daß es dir bestimmt den Rest des Lebens dreckig geht.

A: Sosia!

M: Richtig, Sosia, wenn du nicht meinst, ich hätt's vergessen. Was willst du nun?

A: Schurke, du fragst noch, was ich will?

M: Ja, das frag' ich. Du hättest ja beinahe die Tür aus den Angeln gerissen, du Trottel. Meinst du vielleicht, wir kriegen unsere Türen von der Stadt gestellt? Was glotzt du mich an, Dummkopf? Was willst du überhaupt? Oder was bist du für ein Kerl?

A: Du Prügelsuppe! Du fragst mich immer noch, wer ich bin, du Höllenstrom der Ruten? Gleich heut' werd' ich dich wegen deiner frechen Reden von Schlägen brennen lassen!

M: Freigebig mußt du einst in deiner Jugendzeit gewesen sein.

A: Wie denn?

M: Weil du im Alter bei mir um Prügel bettelst.

A: Was du daherquatschst, frecher Sklave, bringt dich noch ans Kreuz!

M: Ich mach' am Opferaltar Feuer für dich an.

A: Wieso?

M: Weil ich dich nämlich gleich mit Schlägen schlachte.

A: Ich aber schlachte dich am Kreuz und auf der Folterbank, du Peitschenstiel!

Das Publikum des Plautus, in der Mehrzahl kleine Leute, Freigelassene und wohl auch Sklaven, mag sich über dergleichen königlich amüsiert haben: Da steckt ein Sklave nicht nur ein, sondern gibt zurück, ja noch mehr, er reizt den Gegenspieler, der auf seine Herrenrechte pocht!

In einer anderen Plautuskomödie, dem «Persa», setzt sich ein Bordellbesitzer gegen einen frechen Sklaven zur Wehr. Was jener hören mußte, haben wir schon in unserem Schmutz-Kapitel betrachtet; wie er sich revanchiert, sei nun vorgeführt:

Sine respirare me, ut tibi respondeam! Vir summe populi, stabulum servitricium, scortorum liberator, sudu-

culum flagri, compedium tritor, pistrinorum civitas,
perenniserve, lurcho, edax, furax, fugax, cedo sis mi ar-
gentum, da mi argentum, impudens! (PERSA 417 FF.)

Laß mich verschnaufen, daß ich dir 'rausgeben
kann! Du bester Mann der Stadt, du ganzer Stall von
Sklaven, Hurenbefreier, Schwitzbad für die Peitsche,
Fußfesselschinder, in allen Tretmühlen daheim, du
Dauersklave, Wüstling, Fresser, Dieb, Ausreißer, rück'
das Geld raus, gib's mir schnell, du Unverschämter!

Der Auftakt ist ironisch: er erhebt den Beschimpften zum
«ersten Mann im Volk», um ihn dann desto tiefer stürzen zu
können, hinein in den «Sklavenstall». Wir erinnern uns an
hara suis, den Saustall, der im Lateinischen ohne weiteres
zur Beschimpfung von Personen dienen kann, ähnlich wie
carcer, Gefängnis (z. B. bei Lucilius, frg. 1128), *solida servi-*
tus, «reine Sklaverei» (Plautus, Persa 425) oder – für eine
Dirne – *lupanar,* Bordell (Catull, c. 42, 13).

Liberator scortorum ist situationsbezogen: Der *leno* bekommt von Sklaven Geld für eines seiner Mädchen.

Die drei folgenden Beschimpfungen wirken durch die
komische Verdrehung des Verhältnisses von Bestraften und
Mitteln der Bestrafung. Nicht die Peitsche macht den Sklaven
fertig, sondern sie geht an ihm zugrunde, genau wie sich die
Fußfesseln an ihm wundreiben – und in die Tretmühle wird
er nicht verbannt, nein, da hat er Heimatrechte!

Vergleichbar sind *ulmitriba,* Rutenverschleiß (Plautus,
Persa 278) und der geradezu poetische *ulmorum Acheruns,*
die Hölle für die Ruten.

Was *suduculum flagri* genau ist, läßt sich nicht mit
Sicherheit sagen; entweder steckt *sudor,* Schweiß, dahinter
oder *sudis,* worunter ein spitzer Pfahl zu verstehen ist, der
auch als Waffe dienen konnte. Der Sinn bleibt trotz dieser Un-
gewißheit erfaßbar: Entweder gerät die Geißel an diesem

Kerl ins Schwitzen oder – was noch drastischer wäre – er wirkt auf sie wie ein Staketenzaun.

Perenniservus, ewiger Sklave, will dem Beschimpften jede Hoffnung rauben, aus seiner verachteten Stellung herauszukommen. Die restlichen bösen Worte hängen ihm Fehler und Laster an und sind insoweit – bis auf *fugax* – nicht typisch.

«Ausreißer» ist, wer seinem Herrn zu entwischen versucht – wird er dabei gefaßt, muß er mit schwerer Strafe rechnen. Zumindest wird er mit einem F gebrandmarkt.

Ein anderes Wort gleicher Bedeutung ist *fugitivus* (z. B. bei Terenz, Eunuchus 669), das auf gewiß abenteuerlichen Wegen ins Fränkische gelangt ist. Jedenfalls erinnert sich der Verfasser dieses Buchs noch deutlich an einen seiner Onkel, einen biederen Handwerksmeister in Fürth, dessen Lieblingsschimpfwort, in getreuer Umschrift wiedergegeben, wie Voggedives klang.

Nichts geht über die Macht der Gewohnheit; daher gaben Sklaven das, was sie oft genug hören mußten, auch an ihresgleichen weiter. In literarischer Stilisierung führt uns das Plautus in der «Asinaria» (297 f.) vor, wo sich zwei, die es faustdick hinter den Ohren haben, Leonidas und Libanus, die folgenden komischen Grüße entbieten:

LE: *Gymnasium flagri, salveto!*
LA: *Quid agis, custos carceris?*
LE: *O catenarum colone!*
LA: *O virgarum lascivia!*
LE: Du Sportplatz für die Peitsche, sei gegrüßt!
LA: Wie geht es dir, Herr Kerkermeister?
LA: O du mein Kettenpächter!
LE: O du Lust für alle Ruten!

Das ist nun freilich recht gestelzt, doch stecken zweifellos echte Beschimpfungen des Typs *verbero, mastigia, furcifer* dahinter.

Was man sonst noch zu Sklaven sagen konnte – praktisch alles, was weh tat, als verworfen abstempelte und erniedrigte –, ist uns bereits begegnet, zum Beispiel die *trivenefica,* die dreimal verfluchte alte Hexe, oder *nequissimus,* der Nichtsnutz.

Die zwei Wörter sollen hier für die beiden anderen häufigen Beschimpfungstypen stehen, für den Vorwurf irgendeines Verbrechens, der beispielsweise *fur,* Dieb, *sacrilegus,* Tempelschänder, oder, ganz allgemein, *sceleste* lautete, und für die Behauptung, der Sklave sei zu gar nichts zu gebrauchen.

> *Nype Crispini ancla necuisima.* (CIL IV 4833)
> Nymphe, die Sklavin des Crispinus, taugt überhaupt nichts.

Der Mensch, der das an eine Wand in Pompeji kritzelte, dachte aber wohl nicht so sehr an den Fleiß der besagten Nymphe.

XI. Carnifex!   *Henkersknecht!*

Daß es im Lateinischen Schimpfwörter gibt, die sich bevorzugt für ganz bestimmte Adressaten, in diesem Fall für Sklaven, eignen, hat uns das letzte Kapitel gezeigt. Allerdings ist die Zahl solcher Wörter recht begrenzt, und selbst so spezielle Ausdrücke wie *mastigia* oder *furcifer* werden auch Freien gegenüber gebraucht.

Da hält ein *leno* anläßlich seines Geburtstags vor den Mädchen seines zweifelhaften Etablissements eine großspurige Rede. Ein Lauscher an der Wand darauf zu einem andern:

> *Audin, furcifer quae loquitur?* (PLAUTUS, PSEUDOLUS 193)
> Hörst du, was er da spricht, der Galgenstrick?

«Angeber» oder «Großmaul» würde in der gegebenen Situation besser passen, doch der Sprecher ist ein Sklave und benützt eben ein ihm vertrautes Wort.

Gegen den König Deiotarus, den Cicero verteidigte, sagte dessen Leibarzt aus. Gleich fährt ihn der Anwalt an:

> *Furcifer quo progreditur?* (PRO REGE DEIOTARO 9. 26)
> Wozu versteigt sich der Galgenstrick?

Ihm soll, wenn er auch kein Sklave ist, sein niederer Stand bewußt gemacht werden.

Im Grunde ist die Sache einfach: Da es zum Wesen der

143

Beschimpfung gehört, von jemandem nicht nur zu sagen, was er ist, sondern ihm zusätzlich noch etliches anzuhängen, was er nicht ist, lassen sich Schimpfwörter weit über das hinaus verwenden, was sie eigentlich bezeichnen.

Rein biologisch ist ein Hund eben ein Hund, *canis lupus familiaris L.;* als Beleidigung taugt er für faule Hunde, feine Hunde, fiese Hunde, Schweinehunde, die samt und sonders Menschen sind.

Ebenso darf die Tatsachenbehauptung «Gangster» erst geäußert werden, wenn jemand der Bandenmitgliedschaft überführt ist. Trotzdem werde ich mich nicht scheuen, wenigstens im stillen Kämmerlein den Uhrmacher, der mir einen Schund verkauft hat, so zu nennen.

Im Lateinischen ist's nicht anders: *Carnifex* im engeren Sinne ist der Henker. Da dieser einen verachteten Beruf ausübte, wurde das Wort auch gern Sklaven gegenüber gebraucht, um sie möglichst tief in den Schmutz zu stoßen. Zum Beispiel nennt Amphitruo bei Plautus den echten Sosia so, von dem er glaubt, er mache sich über ihn lustig, wenn er behauptet, gerade seinem Doppelgänger begegnet zu sein:

> *Quae neque fieri possunt neque fando umquam accepit quisquam profers, carnufex!* (AMPHITRUO 588)
> Unmögliches und Unerhörtes bringst du vor, du . . .

«Lügenmaul» würde in den Kontext herrlich passen, «Henker» oder »Henkersknecht» tut uns weh – aber Plautus hat seinem Volk aufs Maul gesehen; bei ihm ist das Schimpfwort an dieser Stelle nicht weniger stimmig als an der folgenden; es drückt nur da und dort ganz Unterschiedliches aus.

> *. . . non sicarium, sed crudelissimum carnificem civium sociorumque in vestrum iudicium adduximus!*
> (CICERO, IN VERREM ACT. II I, 3, 9)

... keinen Meuchelmörder, sondern den brutalsten Schlächter von Bürgern und Bündnern haben wir vor euren Richterstuhl gebracht!

Wir kennen diese Passage bereits und wissen, daß Verres in Sizilien tatsächlich das Recht mit Füßen trat und nicht davor zurückschreckte, sogar römische Bürger auspeitschen und kreuzigen zu lassen. Für solche Taten wird er *carnifex* genannt, für solche soll er büßen:

> ... *civium Romanorum cruciatus multorumque innocentium sanguis istius supplicio luendus est!* (EBD. 1, 3, 8)
> ... die Qual römischer Bürger und das Blut vieler Unschuldiger verlangt nach Sühne durch die Hinrichtung dieses Kerls!

En passant sei hier vermerkt, daß das Lateinische auch über ein Fürwort verfügt, das zur Beschimpfung und Beleidigung taugt, nämlich *iste;* es kann wertneutral «dieser da» bzw. «der hier» bedeuten, aber auch «dieses verruchte Subjekt hier». In diesem Sinn gebraucht es Cicero, wenn er Verres und seinesgleichen damit meint.

Was wir eben zu *carnifex* feststellten, gilt *mutatis mutandis* beispielsweise für den *tyrannus:* Wer kleine Kinder verstümmelt, um sie dann mit mehr Aussicht auf Erfolg zum Betteln auf die Straße schicken zu können, ist für den älteren Seneca – aber nicht für uns – ein «Tyrann»; denn der Römer verbindet in noch weit höherem Maße als wir mit *tyrannus* die Vorstellung von unglaublicher Grausamkeit. Nur sie, nichts Politisches, ist im vorliegenden Fall der Vergleichspunkt. Sie ist es auch bei Verres, doch kommt hier deutliche Kritik am selbstherrlichen Vorgehen dieses Praetors hinzu, dessen Rechtsprechung reinster Willkür entsprang.

... populus Romanus ... non de praetore Siciliae, sed de nefario tyranno fieri iudicium arbitratur! (CICERO, IN VERREM ACT. II 5, 44, 117)

... die öffentliche Meinung in Rom geht davon aus, daß wir nicht über den Praetor von Sizilien, sondern über einen ruchlosen Tyrannen zu Gericht sitzen!

Auch im folgenden Text geht es um einen *tyrannus,* und zwar um einen ermordeten:

Adhuc ulta (res publica) suas iniurias est per vos interitu tyranni; nihil amplius! (CICERO, AD FAM. XII 1, 2)

Bislang hat der Staat dank eurer Hilfe nur für das ihm angetane Unrecht durch den Untergang des Tyrannen Genugtuung erhalten; sonst nichts!

Diesmal ist der Tyrann der große Gaius Julius Caesar, der an den Iden des März 44 v. Chr. einer von Brutus und Cassius geführten Verschwörung zum Opfer fiel. An eben diesen Cassius ist der Brief gerichtet, aus dem wir zitiert haben, und Cicero schreibt nur, was in jenen Tagen alle «gutgesinnten» Bürger sagten: Caesar war ein Tyrann, und deshalb sei seine Ermordung rechtens gewesen.

Wie aber sah die Tyrannei Caesars aus?

... Blesamius tyrannum Caesarem scriberet? Multorum enim capita civium viderat, multos iussu Caesaris vexatos, verberatos, necatos, multas adflictas et eversas domos, armatis militibus refertum forum.

Quae semper in civili victoria sensimus, ea te victore non vidimus. Solus, inquam, es, C. Caesar, cuius in victoria ceciderit nemo nisi armatus. Et quem nos liberi, in summa populi Romani libertate nati, non modo non tyrannum, sed etiam clementissimum in victoria ducem vidimus, is Blesamio, qui vivit in regno, tyrannus videri potest? (CICERO, PRO REGE DEIOTARO 12, 33 F.)

... Blesamius hätte Caesar in einem Brief «Tyrann» nennen sollen? Freilich, er sah die Köpfe vieler Bürger rollen, er sah, wie viele auf Caesars Befehl gefoltert, ausgepeitscht, getötet wurden, er sah viele eingerissene und gründlich zerstörte Häuser, sah das Forum voll von bewaffneten Soldaten!

Was wir stets bei einem Sieg im Bürgerkrieg erleben mußten, das sahen wir bei deinem Sieg nicht! Du allein, ich sage es offen, Caesar, du bist es, bei dessen Sieg niemand umkam, es sei denn, er hätte Waffen getragen. Und dieser Mann, den wir freien Bürger, geboren in einer Zeit größter Freiheit des römischen Volkes, nicht nur nicht als Tyrannen, sondern als einen im Sieg ungemein maßvollen Heerführer kennengelernt haben, sollte für Blesamius, der in einer Monarchie lebt, ein Tyrann sein?

Die Sache entbehrt nicht der Pikanterie: Hier, in seiner vier Monate vor Caesars Ermordung in dessen Anwesenheit gehaltenen Rede für den kleinasiatischen Fürsten Deiotarus, legt Cicero ausführlich dar, was jemand tun muß, damit er «Tyrann» gescholten werden kann, und weist nach, daß Caesars ungewöhnliche Milde gegenüber der im Bürgerkrieg unterlegenen Partei ihn vor derartigen Anwürfen schützen müsse. Wenig später folgt er der Diktion derer, denen Caesars verhängnisvoller Wunsch, eine Krone zu tragen, schon genügte, um ihn zum Tyrannen zu stempeln.

Wir sehen, daß in der politischen Polemik – nicht anders als heute – Ideologisches mitschwingt, das wir in anderen Bereichen naturgemäß nicht finden.

Welche Züge im einzelnen das Bild des jeweiligen Gegners bestimmten, sei an wenigen Beispielen gezeigt:

147

... Servi aere parati iniusta imperia dominorum non perferunt. Vos, Quirites, in imperio nati aequo animo servitutem toleratis? At qui sunt ii, qui rem publicam occupavere? Homines sceleratissumi, cruentis manibus, immani avaritia, nocentissimi et idem superbissimi, quibus fides, decus, pietas, postremo honesta atque inhonesta omnia quaestui sunt. (SALLUST, IUGURTHA 31, 11 F.)

Sklaven, die man um Geld kauft, nehmen ungerechte Befehle ihrer Herren nicht einfach hin. Ihr, Römer, die ihr zur Weltherrschaft geboren seid, fügt euch widerstandslos in die Knechtschaft? Doch was sind das für Leute, die den Staat an sich gerissen haben? Ganz verbrecherische Elemente mit blutbefleckten Händen, unersättlich in ihrer Gier, schwer mit Schuld beladen und dabei ungemein arrogant.

Treue, Anstand, Pflichtgefühl, ja alles, ob recht oder unrecht, beurteilen sie nur nach ihrem Profit!

Gaius Memmius, dem Sallust diese Worte in den Mund legt, war 111 v. Chr. Volkstribun und wetterte in dieser Eigenschaft gegen die Adelspartei. Ähnlich mag es rund sechzig Jahre später geklungen haben, wenn Sallust selbst als Tribun und Parteigänger Caesars die Leute angriff, die sich «Optimaten», die Besten, nannten, in den Augen der Popularen aber üble Sklaventreiber waren, gemeine Mörder und Verbrecher, völlig korrupt und von beleidigender Überheblichkeit.

In dem Reizwort *servitus* steckt der Vorwurf der Tyrannei, der Beseitigung der Bürgerfreiheit, des Verfassungsbruchs.

Rem publicam occupare, den Staat an sich reißen, zielt auf einen widerrechtlichen Machtanspruch. Der Vorwurf des Verrats und staatsfeindlicher Umtriebe klingt mit an.

Auch *avaritia* ist mehr als jene Habgier, die Martial in einem kunstvollen Epigramm geißelt:

Habet Africanus miliens, tamen captat.
Fortuna multis dat nimis, satis nulli. (EPIGR. XII 10)
Africanus schwimmt im Geld; trotzdem rafft er noch an sich: Das Glück gibt vielen zu viel, aber keinem genug.

Wer als Politiker seiner *avaritia* freien Lauf läßt, der plündert zunächst einmal die Provinzen aus, wie es Verres tat, der nimmt sich, was ihm gefällt, ohne lange den Besitzer zu fragen, der tut für Geld nahezu alles und weiß auch aus allem ein Geschäft zu machen: Der Liktor des Verres ließ beispielsweise die Eltern der zum Tode Verurteilten dafür zahlen, wenn sie ihre Söhne besuchen wollten, und hatte auch für anderes feste Tarife:

«*Ut adeas, tantum dabis; ut tibi cibum vestimentumque intro ferre liceat, tantum.» Nemo recusabat. «Quid? Ut uno ictu securis adferam mortem filio tuo, quid dabis? Ne diu crucietur? Ne saepius feriatur? Ne cum sensu doloris aliquo spiritus auferatur?» Etiam ob hanc causam pecunia lictori dabatur.* (CICERO, IN VERREM ACTIO II 5, 45, 118)
«Damit du 'rein kommst, zahlst du so viel; damit du Essen und Kleider 'reinbringen darfst, so viel.» Niemand weigerte sich. «Na? Damit ich deinen Sohn mit *einem* Beilhieb töte, was gibst du dafür? Daß er nicht lange leiden muß? Daß es ihm nicht gar zu arg weh tut, wenn er das Leben lassen muß?» Auch dafür bekam der Liktor Geld.

Wir sehen nun deutlicher, was es bedeutet, wenn jemand zum Beispiel von der *pietas* profitiert, von einer Tugend, die in Rom die Gesamtheit der zwischenmenschlichen Bindungen erfaßte, also auch die Liebe der Eltern zu ihren Kindern.

Der alte Cato, selbst ein Populare und erbitterter Feind der korrupten Adelsschicht, machte für den inneren Niedergang Roms zwei «Laster» verantwortlich, *avaritia* und *luxuria:*

> *Saepe me querentem audistis (...) duobus vitiis, avaritia et luxuria, civitatem laborare, quae pestes omnia magna imperia everterunt.* (LIVIUS, A. U. C. XXXIV 4, 2)
> Oft habt ihr gehört, wie ich darüber Klage führte, daß der Staat an zwei Lastern leide, an Habsucht und Verschwendungssucht. Das sind die Seuchen, die alle großen Reiche vernichtet haben.

Pestis, Pest, kann auch als politisches Schimpfwort dienen; so dankt Cicero dem Jupiter, daß Rom den Catilina,

> *tam taetram, tam horribilem tamque infestam rei publicae pestem* (CICERO, IN CATILINAM I 5, 11)
> eine so scheußliche, entsetzliche und für den Staat bedrohliche Pest,

schon so lange habe «meiden» können.

Unsere wörtliche Übersetzung wirkt unbeholfen, «Pestbeule» würde auf einen Menschen eher passen als «Pest» – doch für Cicero ist Catilina wie eine ansteckende Krankheit, eine Epidemie, die in Rom grassiert und den Staat zu vernichten droht.

Haec lues impura, diese schmutzige Seuche, heißt der Tribun Clodius in Ciceros Rede *de haruspicum responso* 12, 24. Das ist wiederum ein sehr anschauliches Bild, denn *lues* kommt von *luere,* auflösen, zersetzen; spätere Jahrhunderte nannten die Syphilis so, wegen ihrer zerstörerischen Wirkungen. Ähnliches verursacht Clodius; er ist schuld, wenn der Staat verfault und verfällt.

Verfall, ein weiteres Stichwort: *labes atque pernicies Siciliae,* Ruin und Verderben Siziliens, wird Verres am Ende einer steigernden Reihe von Beschimpfungen zu Beginn der *actio prima* (1, 2) genannt; *o scelus, o pestis, o labes* ereifert sich Cicero gegen den in diesem Buch schon sattsam beschimpften Piso (in Pisonem 24, 56) – er sieht also in ihm das personifizierte Verbrechen, das Krebsübel des Staates und seinen Ruin.

Carcinomata und *vomicae,* Krebsgeschwüre und Furunkel, nannte Kaiser Augustus seinen Neffen Agrippa, seine Tochter Julia und seine gleichnamige Enkelin (Sueton, Divus Augustus 65, 4), weil deren Lebenswandel nicht seinen Vorstellungen entsprach – wir sehen, das Krankheitsmodell ist nicht auf den politischen Bereich beschränkt, wenn wir auch dort die meisten Belege finden. Das sollte uns freilich nicht verwundern, denn ein großer Teil der erhaltenen lateinischen Texte hat Politisches zum Inhalt, und dementsprechend waren auch viele von uns in den früheren Kapiteln als Beispiele angeführte Passagen bereits Politikerschelte:

Parricida, sicarius, veneficus, sacrilegus, latro, praedo, fur, pirata, archipirata, gladiator – Hochverräter, Meuchelmörder, Giftmischer, Tempelschänder, Räuber, Gangster, Dieb, Pirat, Seeräuberkapitän, Bandit – wir haben sie alle schon Revue passieren lassen und wollen nur noch einen Begriff nachtragen, der alle unter einen Hut bringt:

latrocinium, Räuberbande, nennt Cicero den Anhang des Marcus Antonius (Philippica XIV 12, 31).

Häufig ist der Vorwurf der Staatsfeindlichkeit in Form von *hostis,* Feind, und *proditor,* Verräter:

Nefarios patriae proditores, domesticos hostes – verruchte Verräter des Vaterlandes, Staatsfeinde mitten im Staat – greift Cicero in der Rede gegen Vatinius (10, 25) an, *hostis ac proditor* ist natürlich auch Piso (in Pisonem 31, 78).

Die Wendung *domesticus hostis* bezieht ihre Wirkung aus dem inneren Widerspruch, daß der *hostis* in der Regel ein Fremder ist, Hannibal zum Beispiel oder König Pyrrhus, nicht einer aus den eigenen Reihen.

Geradezu poetisch wird Cicero, wenn er einen Unruhestifter als *tuba belli civilis,* als Bürgerkriegstrompete, bezeichnet (ad fam. 6, 12, 3); *flamma rei publicae,* Brandfackel des Staats (de domo sua 1, 2) ist von der Sprachebene her vergleichbar, desgleichen *fax et furia,* «fackelschwingende Furie» (ebd. 38, 102) und *rei publicae turbines,* Tornados für den Staat (pro Sestio 11, 25).

Einen solcherart Rasenden kann man natürlich auch nüchterner als *amens, demens, furens, furiosus* bezeichnen, wenn man es nicht vorzieht, sein wildes Wesen als tierisch oder un-tierisch zu brandmarken.

Hier kommen *pecus, bestia, belua, monstrum, prodigium, portentum* oder auch die *vipera* ins Spiel, die, wie wir wissen, nicht nur für weibliche Wesen als Schimpfwort taugt.

So ist der böse Clodius für Cicero bekanntlich eine *vipera venenata ac pestifera,* eine verderbenbringende Giftschlange, die einige durchaus respektable Männer *in sinu atque in deliciis habuerunt,* am Busen hegten und hätschelten (de haruspic. resp. 24, 50). Wer die Provinzen ausplündert, ist ein Geier:

> *Exierunt malis ominibus atque exsecrationibus duo vulturii paludati...* (CICERO, PRO SESTIO, 33, 71)
> Es zogen dahin unter schlimmen Zeichen und Flüchen zwei Geier in Generalsuniform...

Ja, es ist ein Genuß, Cicero beim Schimpfen zuzuhören – er findet immer neue Bilder und setzt seine Worte mit unnachahmlicher Treffsicherheit.

Wofür wir schlicht «Ausbeuter» oder allenfalls «Blutsauger» sagen würden, daraus wird für den wortgewaltigen
Redner ein

gurges helluatus tecum simul rei publicae sanguine.
(DE DOMO SUA 47, 124)
Schlund, der zugleich mit dir das Blut des Staates
schlürft.

Verres muß sich im gleichen Zusammenhang gar mit den
allesverschlingenden Ungeheuern Skylla und Charybdis vergleichen lassen (in Verrem actio II 5, 56, 146).

Daß Historie und Mythos ein Repertoire an aussagekräf-
tigen Namen bieten, wurde uns bei Catilina und Spartacus,
beim Zyklopen Polyphem und dem Tyrannen Phalaris bereits bewußt – wir eilen weiter: Herkunft und Lebensweise,
Maßlosigkeit im Essen und Trinken mit ihren Folgen, das Se-
xualleben – es sollte am besten ein wenig aus dem Rahmen
fallen –, und sonstige Vergnügungen, die als ungewöhnlich
empfunden wurden, boten vielfältige Ansatzpunkte der Kritik. Abgesehen von einer bisweilen – aber eben nicht immer –
geübten Zurückhaltung hinsichtlich körperlicher Mängel
der Angegriffenen gab es in der politischen Auseinanderset-
zung keine Tabuzonen:

Voll Häme schildert Cicero, wie Mark Anton sich in aller
Öffentlichkeit erbricht, wie Piso, schwer betrunken, stinkend
und rülpsend einer üblen Kellerkneipe entsteigt, und schöpft
dabei das zugehörige Vokabular voll aus:

Ganeo, lurcho, helluo, ebrius, numquam sobrius –
Fresser, Wüstling, Schlemmer, Trunkenbold, niemals
nüchterner.

In Sachen Sex stießen wir bei Sallust auf den *impudicus*
und den *adulter,* den Schwulen und den Ehebrecher, bei Catull auf den *cinaedus, pathicus* und dergleichen – und fast im-

mer waren Leute gemeint, die im hellen Licht der Öffentlichkeit standen. So läßt sich denn rückblickend sagen, daß ein ungemein hoher Prozentsatz der mitgeteilten und im Kontext vorgeführten Beschimpfungen auf Politiker gemünzt war und daß ihnen wirklich fast jedes irgendwo gebräuchliche böse Wort an den Schädel geworfen werden konnte, einschließlich des typischen Sklaven-Schimpfworts *furcifer*:

> *... id tu tibi, furcifer, sumes, et Vatinii latronis ac sacrilegi vox audietur hoc postulantis, ut idem sibi concedatur quod Caesari?* (CICERO, IN VATINIUM 6, 15)
> ... das nimmst du dir heraus, du Galgenstrick, und man soll die Stimme eines Vatinius, eines Räubers und Tempelschänders, hören, wie er danach verlangt, daß man ihm dasselbe zugestehe wie Caesar?

Die politische Rede ist eng mit der Gerichtsrede verwandt; so wie man den Gegner, ob Kläger oder Beklagten, mit allen Mitteln herabzusetzen trachtete, geht man auch mit dem Rivalen um ein Amt, mit «denen da oben» und «den anderen» rücksichtslos ins Gericht und mischt aus gegebenen Ingredienzen sein Giftgebräu.

Man nehme also: a) Wahnsinn, b) Frechheit, c) zweifelhafte Herkunft des Angegriffenen, d) Unzucht, e) Korruption f) Räubereien und rühre das alles zusammen – schon hat man eine herrliche Ouvertüre zu einer Tirade wie der (gefälschten) Invektive des Sallust gegen Cicero:

> *Graviter et iniquo animo maledicta tua paterer, M. Tulli, si te scirem iudicio magis quam morbo animi petulantia ista uti. Sed cum in te neque modum neque modestiam ullam animadverto, respondebo tibi, ut, si quam male dicendo voluptatem cepisti, eam male audiendo amittas.*

Ubi querar, quos implorem, patres conscripti, diripi rem publicam atque audacissimo cuique esse praedae? Apud populum Romanum, qui ita largitionibus corruptus est, ut se ipse ac fortunas suas venales habeat? An apud vos, patres conscripti, quorum auctoritas turpissimo cuique et sceleratissimo ludibrio est? Ubiubi M. Tullius leges, iudicia, rem publicam defendit atque in hoc ordine ita moderatur, quasi unus reliquus e familia viri clarissimi Scipionis Africani ac non reperticius, accitus ac paulo ante insitus huic urbi civis.

An vero, M. Tulli, facta tua ac dicta obscura sunt? An non ita a pueritia vixisti, ut nihil flagitiosum corpori tuo putares, quod alicui collibuisset? Aut scilicet istam immoderatam eloquentiam apud M. Pisonem non pudicitiae iactura perdidicisti? Itaque minime mirandum est, quod eam flagitiose venditas, quam turpissime parasti.

Verum, ut opinor, splendor domesticus tibi animos tollit: Uxor sacrilega ac periuriis delibuta, filia matris paelex, tibi iucundior atque obsequentior quam parenti par est. Domum ipsam tuam vi et rapinis funestam tibi ac tuis comparasti...

Nur schwer und mit tiefer Empörung würde ich deine Beschimpfungen ertragen, Marcus Tullius, wenn ich wüßte, daß eher nüchterne Überlegung als ein kranker Geist dich so unverschämt auftreten läßt. Aber da ich sehe, daß du weder Maß noch Ziel kennst, will ich dir zurückgeben, damit dir, falls du Vergnügen daran fandest, Böses zu sagen, es dir vergeht, wenn du dir Böses anhören mußt.

Wo soll ich mich beklagen, wen um Hilfe anrufen, Senatoren, wenn der Staat ruiniert und von den Allerfrechsten ausgeplündert wird? Beim römischen Volk, das durch Bestechung so korrumpiert ist, daß es sich und seine Habe zum Verkauf anbietet? Oder bei euch, Senatoren, mit deren Autorität die schändlichsten und verbrecherischsten Elemente ihren Spott treiben?

Allenthalben gibt sich Cicero als Beschützer der Gesetze, der Gerichte, des Staatswesens und spielt sich in diesem hohen Haus so auf, als wäre er der letzte Sproß aus der Familie des unvergleichlichen Scipio Africanus und nicht ein von der Straße aufgelesener Fremder, der sich erst vor kurzem unter die Bürger dieser Stadt gestohlen hat.

Sind etwa deine Reden und Taten unbekannt, Cicero? Hast du nicht von Jugend an so gelebt, daß du nichts für schimpflich hieltest, was irgendeiner mit dir anstellen wollte? Oder hast du diese deine maßlose Eloquenz dir bei Piso so gründlich angeeignet, ohne mit dem Verlust deines Anstands dafür zu zahlen? So braucht es einen nicht zu wundern, wenn du sie schimpflich verschacherst, die du in Schande erworben hast.

Doch der Glanz deines Hauses läßt dir, so mein' ich, den Kamm schwellen: Deine Frau, gotteslästerlich und von Meineiden besudelt, die Tochter, Nebenbuhlerin der Mutter, zu dir netter und gefälliger als es sich gegenüber dem Vater gehört!

Dein Haus selber hast du mit Gewalttat und Raub an dich gebracht, dir und den Deinen zum Fluch...

Brechen wir die Kanonade hier ab, noch ganz betäubt vom Fortissimo der Beschimpfung und in der festen Überzeugung, daß unsere Politiker im Vergleich zu denen Altroms die reinsten Waisenknaben sind. Wären sie es etwa nicht, wenn es an gesetzlichen Bestimmungen fehlte, die die Menschenwürde schützen?

Wenn Schimpf und Schande kübelweise ausgeschüttet werden wie eben in der pseudo-sallustianischen Invektive, hört wohl das Vergnügen auf – drum geht jetzt auch dieses Buch zu Ende, das «vergnüglich» in eine nicht immer erheiternde Materie einzuführen versprach. Doch bevor wir schließen, seien noch ein paar mögliche Fragen des nachdenklichen Lesers beantwortet:

«Sind das nun *alle* lateinischen Schimpfwörter?»

Nein, keineswegs – es handelt sich um eine Auswahl von besonders typischen. Wer größere – nicht absolute – Vollständigkeit sucht, sei auf das im Literaturverzeichnis genannte Werk von Ilona Opelt verwiesen.

«Woher stammen die Übersetzungen der verschiedenen Textbeispiele und wie wortgetreu sind sie?»

Auch wenn es bequemer gewesen wäre, anerkannte und mustergültige Lösungen namhafter Fachleute hier einzubringen, hielt sich der Verfasser dieses Buchs um der stilistischen Geschlossenheit willen eisern an das Prinzip, jede Stelle selbst ins Deutsche herüberzuholen und dabei auch auf Zwischentöne zu hören.

Wo es ohne Gewaltakte möglich war, wurde die Wortstellung der Originale bewahrt; wo es die angemessene Wiedergabe des Sinns verlangte, geriet die Übersetzung freier.

Gebundene Sprache ist nur dann unter Beibehaltung der antiken Form oder auch reimend nachgedichtet, wenn es sich zwanglos ergab. In den meisten Fällen, insbesondere bei Plautus mit seinen komplexen Metren, trat durchrhythmisierte Prosa an ihre Stelle.

«Letzte Frage: Ist das nun ein wissenschaftliches Buch?»

Gott behüte! Es will nichts weiter, als in leichtem Plauderton über ein etwas abgelegenes Thema erste Informationen vermitteln. Falls es einen anderen Eindruck erweckt, verspricht der Verfasser, sich zu schämen und, auf Wunsch, sich selbst gröblich zu beschimpfen, zum Beispiel so: *Iners, nequissime, stultissime, amens, verbero, mastigia, FURCIFER!*

Anhang

LATEINISCH-DEUTSCHES SCHIMPFWORTREGISTER

Dieses Register enthält alle im Text angeführten Beschimpfungen, auch anrüchige Adjektive und Verben, dazu eine Reihe von Namen, die entweder negative Eigenschaften umschreiben oder auf ursprüngliche Spitznamen zurückgehen. Anführungszeichen weisen darauf hin, daß der deutsche Ausdruck den Bedeutungsgehalt des lateinischen nur bedingt erfaßt.

Macer 114
mager, «Bohnenstange»
machilla 9, 11
Nachttopf; «Miststück»
maialis 24 f.
kastrierter Eber, «Saubär»
malus 77
schlecht
mastigia 137, 142
Peitsche; wer die Peitsche
braucht, «Taugenichts»
mentula 63, 82
Schwanz, «Schwanzl»
(als Spitzname)
mercennarius 105
käuflich
merda 37
Dreck, Scheiße
Mezentius 110
Mezentius (sagenhafter,
besonders grausamer
Etruskerkönig)
milva 10, 12 f.
Gabelweihe, «Nebelkrähe»
miraculus 46
komisch, «komische Figur»
moechari/moechissare 64,
82
herumhuren, «bumsen»
moechus 82, 113
Weiberheld, Hurenbock
monstrum 26 f., 152
Ungeheuer
mulier infamis 91
verrufenes Weibstück
muricidus 69
Einbrecher
musca 29
Mücke, Fliege

Naso 113
der mit der großen Nase,
«Zinken»

nebulo 69
Windbeutel, Aufschneider,
Angeber
nefarius 121
ruchlos
nepos 91
Enkel, Neffe; auch: Fresser,
Wüstling, Lebemann, Lie-
derjan, Verschwender
nequam 77, 81
Nichtsnutz
nequissimus 69, 77, 142
übler Charakter, Lump
nihili homo 69
Nichtsnutz
nitedula 29
Haselmaus
nocentissimus 148
Schwerverbrecher
nocturnus 107
nächtlich, lichtscheu
non nauci homo 69
taube Nuß
nugae 71
Kleinigkeit, «lächerliches
Stück»

obscenus 107
pervers, «schwul»
odium 71 f., 75
Haß, Abscheu, «Widerling»
orcus 44
Unterwelt, «Hölle»
osseus 46
klapperdürr
ossifragus 112
Knochenbrecher
otiosus 78
untätig, «Tagedieb»

parricida 16, 59, 91, 95 f., 100,
151
Vatermörder

Dieses Register enthält nur die Wörter und Wendungen, die zum üblichen deutschen Schimpf- und Schmutzvokabular gehören und im Lateinischen eine – manchmal nur ungefähre – Entsprechung haben.

So wird der Leser beispielsweise die Haselmaus *(nitedula)* hier nicht finden, da zwar Cicero, aber nicht wir jemanden in herabsetzender Absicht so nennen können, und auch nicht den Triefel, Grufti oder Brutalo, da diese Ausdrücke nicht allgemein verbreitet sind.

Das jeweilige Vorkommen der Wörter im Buch kann mit Hilfe des lateinisch-deutschen Registers ermittelt werden.

Aas cadaver
Aasgeier vultur, vulturius
abgeschlafft enervatus
Abschaum sentina
abstoßend foedus, taeter
Affe, lächerlicher simiolus
Affe simia, simius
albern ineptus
Angeber nebulo
arbeitsscheu vacuus
arrogant superbus
Arschkriecher cularcultor (?)
aufgewärmt recoctus
Aufschneider nebulo
ausgebumst defututus
Ausreißer fugax, fugitivus

Bandit gladiator
Bauernlümmel rusticus
beschissen cacatus, caeno
  conlitus
beschränkt hebes
besoffen ebrius
Bestie bestia
Betrüger homo fraudulentus,
  fraus
Bettpisser lotiolentus (?)

Biest bestia
blöde stolidus
Blutegel hirudo
Blutsauger cimex, hirudo
Bock, alter hircus vetulus,
  senex hircosus, vervex
  vetulus
Bock caper, hircus
Bordell lupanar, lustrum
Bordellwirt leno
Brandstifter incendiarius
Bruder, warmer pathicus
Bubi puerculus
bumsen moechari/moechis-
  sare

Casanova amator
Charakter, schmutziger homo
  sordidissimus
Charakter, übler nequissimus
charakterlos levis

Depp homo stultus
der (Schuft) da iste
Desperado homo desperatus
Dieb clepta, fur
Don Juan amator

doof ineptus, stultus
down humilis
Dreck caenum, lutum, inluvies, sordes
dreckig luteus, sordidus
Drecksau succula
Dreckskerl caenum, lutum, inluvies
Dreckspatz upupa (eigtl. Wiedehopf)
Dreckstück caenum, lutum
Drückeberger fugax, fugitivus
dumm stultus
Dummkopf homo stultus/clitellarius
Dunkelmann homo tenebrosus, tenebrae

Ehebrecher adulter, moechus; cuculus (eigentl.: Kuckuck)
Einbrecher muricidus
Eiterbeule vomica
Erzschurke trifur
Esel asinus, asellus
Existenz, verkrachte homo profligatus

Fanatiker fanaticus
faul piger
Faulpelz homo vacuus
Fettsack crassus
ficken futuere
Ficker fututor
Figur, lächerliche persolla
Filzlaus pedis
Finsterling homo tenebrosus, tenebrae
Fliege musca
Flittchen amasiuncula
Floh pulex
Frechdachs homo procax
Frechling homo audax
Freßsack patinarius

Fresser edax, ganeo, gurges, helluo
Früchtchen, sauberes pusio bellissimus
Fuchs, alter vulpes vetula
Fußkranker loripes

Galgenschwengel crucis offla
Galgenstrick furcifer
Gangsterboß archipirata
Gangsterbraut ludia
garstig taeter
Gartenzwerg homullus
gefräßig edax
geil salax
geiler Bock hircus
Geizkragen homo sordidus
Gesetzesbrecher legirupa
Giftmischer veneficus
Giftmischerin venefica
Giftschlange vipera venenata
Glatzkopf calvus

habgieriger Kerl homo avarus/avidus
Hampelmann gerro
Hasardeur aleo, aleator
Hefe (des Volks) sentina
Henkersknecht carnifex
hereingeschneit reperticius, accitus
hergelaufen reperticius, accitus
heruntergekommen demissus
Heulboje sterteia
Heulsuse sterteia
Hexe, dreimal verfluchte alte trivenefica
Hexe venefica
Hohlkopf fungus, cucurbitae caput, vasus fictilis
Hölle Orcus
Holzklotz caudex, codex, stipes
Hund canis

Hungerleider iaiunitatis plenus, inops
Hure scortum
Hurenbock moechus

Idiot bardus, idiota
inferior inferior

Jugendverderber permities adulescentium

Kacker cacator
Kamel camelus
Kameradenbescheißer sociofraudus
Kanake homo deductus ex ultimis gentibus
kaputt fractus, perditus
Kastrat spado
käuflich mercennarius
Kerkermeister custos carceris
Kerl, dummer homo stultus
Kerl, unsauberer homo impurus; upupa
Kerl homo
Killer sicarius, percussor
Kirchenschänder sacrilegus
klapperdürr osseus
Kloake cloaca
Knabe, alter vetulus
Knacker, alter vetulus
Knauser pusillus
Knirps frustum pueri, pusillus
Komiker congerro, gerro
komisch miraculus
Krauterer, alter vetulus
Krebsgeschwür carcinoma
Kriecher supplex
Kröten, lächerliche curculiunculi minuti
Kropfiger struma
Kürbiskopf cucurbitae caput

Langweiler insubidus
Lappen, dreckige tramae putidae
Laster vitium
Lästermaul homo contumeliosus
Leichenfledderer bustirapus
Lesbe fututrix, tribas
lichtscheu nocturnus
Liederjan nepos, ganeo, helluo
Luder caro putida
Luftikus homo ventosissimus
Lügner fraus
Lump nequissimus
Lumpenhund homo perditus
Lustmolch impudicus

Maulaffe bucco
Maulheld bucco
meineidig peiiurus, periurus
Mensch (verächtlich) homuncio
Mensch, der letzte homo postremus
Mensch, kleinlicher pusillus
Menschenfresser Cyclops
Meuchelmörder sicarius
Mickerling pusillus
miserabel pessimus
Mißgeburt, monströse portentum hominis
Mißgeburt portentum, prodigium
Mist stercus
Misthaufen sterculinum
Miststück stercus
Mistvieh caenum, lutum, propudium, stercus
Mörder percussor
Muttersöhnchen pupillus

Nachttopf machilla
Nebelkrähe milva (eigtl.: Gabelweihe)

Neidhammel homo invidus
Nichtsnutz nequam
nichtsnutzig iners, nequam
Null homo inanis
Nuß, taube non nauci homo
Nutte amasiuncula, ambubaia, scortum

Obergauner homo fallacissimus, trifur
Outlaw inlex

perverses Subjekt homo flagitiosus
Pestbeule pestis
Pfiffikus homo vafer
Phrasendrescher inanilogista
Puff lupanar, lustrum

Quakfrosch rana loquax
Quatschkopf blatero

Rabenaas corvorum cibaria
Räuber ereptor, latro, praedo
Räuberbande latrocinium
Rhinozeros rhinoceros
roh rudis
Rotznase blennus
Ruin labes, pernicies

Sadist homo crudelissimus
Sau sus
Saubär, kastrierter maialis
Säufer ebriosus, gurges, gulo
Säugling lacticulosus
Saustall hara suis
Schachtel, alte vetula
Schafskopf pecus, vervex
schamloser Kerl homo impudens
Schande für die ganze Menschheit flagitium hominis
Schandfleck dedecus, flagitium, probrum, propudium

Scheiß- cacatus
Scheiße merda, caenum
Scheißer cacator, stercorator, stercorarius
Scheusal belua, portentum, prodigium
scheußlich turpis
Schlampe ambubaia
Schlange serpens, vipera
Schlappschwanz lorus in aqua; taurus iners
Schlaumeier homo vafer
schlecht malus
Schleicher homo spissigradissimus
Schleimer supplex
Schluckspecht gulo
schmutzig impurus
Schnecke, müde homo tardissimus
Schnecke limax
Schuft, übler homo improbissimus
schuftig improbus
Schürzenjäger cunnio
Schwächling homo infirmus
schwachsinnig imbecillus animo
Schwachsinniger fatuus
Schwanz (= Penis) mentula
Schwätzer blatero, garrulus, loquax, loquatuleius
Schwein porcus, sus
Schwerverbrecher homo nocentissimus
Schwuchtel scortum muliebris patientiae
schwul effeminatus, obscenus, pathicus
Schwuler cinaedus, effeminatus, pathicus
Seeräuber pirata, praedo
skrupelloser Bursche homo audax

Spinner amens, demens
Stänker, Stinker anima foetida, hircus
Streithammel discordia, non homo
Stück, lächerliches nugae
stumpfsinnig hebes
Sumpfhuhn lustro

Tagedieb homo otiosus
Taugenichts nequam, mastigia
Tölpel stipes
Tranfunzel homo tardissimus
Trödler homo spissigradissimus
Trunkenbold ebriosus
Typ, fieser homo turpissimus
Tyrann tyrannus

Uhu (als Unglücksbote) bubo
Ungeheuer monstrum
Ungetüm belua
Unglücksrabe corvus; bubo (eigtl.: Uhu)

Vatermörder parricida
verblödet plumbeus
Verbrecher homo scelestus/sceleratus, facinus, scelus
verfluchter Kerl homo detestabilis
verfressen edax, vorax
verhuren effutuere
verkommen flagitiosus, perditus
Verräter proditor
verrückter Kerl homo amens/demens
Versager, völliger nequissimus

Verschwender decoctor, helluo, nepos
versumpft ebriolus
vertrottelt stolidus
Vettel vetula
Vieh belua
Volksbetrüger fraus populi
Vollidiot homo stultissimus

wahnsinnig furens, furiosus, vaesanus
Wahnsinniger homo amens/demens/furens/furiosus/vaesanus
Waisenknabe pupillus
Wanze cimex
Watschengesicht verberabilissumus, verbero, mastigia
Weiberheld amator
Weibstück, verrufenes mulier infamis
Weinschlauch vinosus
Widerling odium, homo turpissimus
Wilder barbarus
Wildsau verres
Windbeutel homo ventosissimus, nebulo
Winzling pusillus
Witzbold derisor
Wurm lumbricus
Wüstling lurcho

Zersetzer lues
Zuchthäusler carcer
Zugereister insitus
Zulukaffer homo deductus ex ultimis gentibus

Für eilige Leser, die ein jähes Bedürfnis überkommt, lateinisch loszuschimpfen, sind hier die geläufigsten Kraftausdrücke zusammengestellt:

A: Tierisches und Untierisches

Schafskopf:	*pecus, vervex*
Wanze:	*cimex*
Scheusal:	*belua*
Schlange:	*vipera*
alter Bock:	*hircus* (auch für störenden Geruch verwendbar)
Saustall:	*hara suis* (auch für Menschen, die sich darin wohlfühlen)
Drecksau:	*sus lutulenta*
Blutegel:	*hirudo*
Mißgeburt:	*prodigium*
Ungeheuer:	*monstrum*

B: Trottel, Irre, fiese Typen

Blödmann:	*stultissimus*
Maulaffe:	*bucco*
Spinner:	*amens, demens*
Witzbold:	*derisor*
Langweiler:	*insubidus*
Versager:	*nequissimus*

Windbeutel:	*nebulo*
Penner:	*erraticus*
Brutalo:	*crudelissimus*
Trottel:	*stolidus*
Kürbiskopf:	*cucurbitae caput*
Fanatiker:	*fanaticus*
Komiker:	*congerro*
Schleicher:	*spissigradissimus*
Null:	*homo non nauci*
Finsterling:	*tenebrae*
kaputter Typ:	*homo perditus*
fieser Typ:	*homo taeter*

C: Suff und Fraß und Sex und Sünde

Trunkenbold:	*ebriosus*
Freßsack:	*ganeo, helluo*
Lustmolch:	*impudicus*
warmer Bruder:	*pathicus*
Schwuchtel:	*muliebris patientiae scortum*
Schwanz:	*mentula*
Schluckspecht:	*gulo*
Sumpfhuhn:	*lustro*
Schürzenjäger:	*cunnio*
Schwuler:	*cinaedus*
Kastrat:	*spado*

D: Lächerliche Figuren

Mickerling:	*pusillus*
alte Schachtel:	*vetula*
Vorgartenzwerg:	*homullus ex argilla et luto fictus*
Brösel, Knirps:	*frustum pueri*

| Muttersöhnchen: | *pupillus* |
| Grufti: | *vetulus* |

E: Dreck und dergleichen

Dreckstück:	*caenum, sordes*
Abschaum:	*sentina*
Bettpisser:	*lotiolentus*
Scheiße:	*merda*
Scheiß-:	*cacatus, -a, -um (z. B. cacata carta)*
Mistvieh:	*sordes*
Rabenaas:	*corvorum cibaria*
Scheißer:	*cacator, stercorator*

F: Gangster und Ganoven

Gangster:	*gladiator*
Messerstecher:	*perforator*
Giftmischer:	*veneficus*
Killer:	*sicarius*
Gauner:	*scelestus, fur*
Vatermörder:	*parricida*

G: Speziell für weniger erfreuliche Wesen weiblichen Geschlechts

Flittchen:	*amasiuncula*
Heulboje:	*sterteia*
Nutte:	*scortum, lupa*
Vogelscheuche:	*turpissima*
Nebelkrähe:	*milva*
Schlampe:	*ambubaia*

alte Schachtel:	*vetula*
Brechmittel:	*foedissima*

H: ... und für Sklaven, falls wer noch einen hat

Nichtsnutz:	*nequissimus*
Galgenschwengel:	*crucis offla*
Watschengesicht:	*verbero*
Galgenstrick:	*furcifer*

1. *Das* Buch zum Thema:

Opelt, I.: Die lateinischen Schimpfwörter und verwandte sprachliche
    Erscheinungen. Eine Typologie. Heidelberg 1965
    Eine ungemein materialreiche, reich gegliederte, lesbare (!) Unter-
    suchung, der das vorliegende Büchlein sehr viel verdankt.

2. Ältere Veröffentlichungen, deren Ergebnisse in das Werk Ilona
    Opelts Eingang gefunden haben:

Hoffmann, G.: Schimpfwörter der Griechen und Römer (= Wissen-
    schaftliche Beilage zum Programm des Friedrichs-Realgymna-
    siums. Berlin 1892)
Hofmann, J. B.: Die lateinische Umgangssprache. Heidelberg 1951[3]
Müller, A.: Die Schimpfwörter in der römischen Komödie, in: Philolo-
    gus 72, 1913, 492−502
Reimers, F. H.: Der plautinische Schimpfwortkatalog. Dissertation
    (maschinenschriftlich) Kiel 1957

3. Texte und Übersetzungen der wichtigsten exzerpierten antiken
    Autoren:

Apuleius, Der goldene Esel. Metamorphosen. Lat. und dt. hg. von E.
    Brandt und W. Ehlers (Tusculum). Zürich und München 1989[4]
Catull, Gedichte. Lat. und dt. hg. von W. Eisenhut (Tusculum) Zürich
    und München 1986[9]
Cicero, Sämtliche Reden. Gesamtausgabe in sieben Bänden. Eingelei-
    tet, übersetzt und erläutert von M. Fuhrmann. Zürich und Mün-
    chen 1970−1982
    Die von uns häufig zitierten Reden gegen Catilina finden sich im

*2. Bd. dieser mustergültigen Edition, die gegen Verres im 3. und 4.,
die gegen Piso im 6. und die Philippiken gegen Marcus Antonius im
7. Band.*

Historia Augusta. Römische Herrschergestalten Bd. 1 und 2, hg. und
  übersetzt von E. Hohl u. a., Zürich und München 1976/1985
Livius, Römische Geschichte – Ab urbe condita. Erste lateinisch-deut-
  sche Gesamtausgabe in 11 Bänden, hg. v. H. Hillen und J. Feix (Tusculum). Zürich und München 1982 ff.
Martial, Epigramme. Übers. von R. Helm. Zürich und Stuttgart 1957
Petron, Satyrica – Schelmengeschichten. Lat. und dt. hg. von K. Müller
  und W. Ehlers (Tusculum). Zürich und München 1983³
Plautus, Komödien. Übersetzt von R. Gurlitt. Bd. 1–4, Berlin 1920–22
Sallust, Werke. Lat. und dt. hg. von W. Eisenhut und J. Lindauer (Tusculum). Zürich und München 1985
Seneca, Apocolocyntosis, in: Römische Satiren, eingeleitet und übertra-
  gen von O. Weinreich. Zürich 1949
  *Der Sammelband enthält auch Fragmente älterer römischer Sati-
  ren, dazu Texte von Horaz, Persius, Juvenal und Petron*
Sueton, Caesarenleben. Hg. und erläutert von M. Heinemann. Stuttgart
  1957

4. Schimpfen auf Deutsch

von Panzner, L.: Deutsches Schimpfwörterlexikon. Arnstadt 1893
Schnitzler, S. und Hirte, W.: Verflucht und zugenäht. Schimpfwörter
  aus unserer lieben Muttersprache nebst einem Anhange. Hanau
  1986
Thal, H.: Schmutzige Wörter. Frankfurt/M. 1987
  *Die beiden letztgenannten, wohl nicht ganz ernst gemeinten
  Sammlungen konsultierte der Verfasser dieses Büchleins in der
  Hoffnung, für seine Arbeit daraus Nutzen ziehen und seinen eigenen Schimpfwortschatz erweitern zu können. Letzteres ist gelungen; im übrigen aber zeigte sich, daß die alten Römer ganz anders
  schimpften als Leute von heute.*

5. Abkürzungen

Um den Leser nicht zu verwirren, wurden die Titel der zitierten Werke
möglichst ausführlich gebracht und nur so weit gekürzt, daß die
Verständlichkeit nicht litt. Einzige Ausnahme: das CIL ist das
«Corpus Inscriptionum Latinarum».

Früher sind erschienen:

TERENZ
IN
COMICS

PLAUTUS
IN
COMICS